על דרכי הפרשה

Auf den Spuren der Parascha

Ein Stück Tora

Zum Lernen des Wochenabschnitts

Band 9

Die Höhle (Chajjéj Ssará)
Die ewige Schande (Ki Tissá)
Das Opferdilemma (Wajikrá)
Mirjam & die fremde Frau (Bekaalotechá)
Der Dank des Bauern (Ki Tavó)

Von Yehuda T. Radday
unter Mitarbeit von Magdalena Schultz

Unterstützt von
Hochschule für Jüdische Studien, Heidelberg
Memorial Foundation for Jewish Culture, New York
Verein Begegnung von Christen und Juden, Bayern
Technion – Israel Institute of Technology, Haifa
Ev. Arbeitskreis Kirche und Israel in Hessen und Nassau, Heppenheim
Ev. Auen-Kirchengemeinde, Berlin

IKJ

Die Deutsche Bibliothek – CIP-Einheitsaufnahme

Bibliografische Information der Deutschen Bibliothek. Die Deutsche Bibliothek verzeichnet diese Publikation in der Deutschen Nationalbibliografie; detaillierte bibliografische Daten sind im Internet über http://dnb.ddb.de abrufbar.

Bibliographic information published by Die Deutsche Bibliothek. Die Deutsche Bibliothek lists this publication in the Deutsche Nationalbibliografie; detailed bibliographic data are available in the Internet at http://dnb.ddb.de.

Information bibliographique de Die Deutsche Bibliothek. Die Deutsche Bibliothek a répertorié cette publication dans la Deutsche Nationalbibliografie; les données bibliographiques détaillées peuvent être consultées sur Internet à l'adresse http://dnb.ddb.de.

Anstelle des unbekannten Grabsteins von
Doctor Ludwig Lewysohn,
Prediger in Worms und Oberrabiner Schwedens (1819–1901)

und

in dankbarer Erinnerung an
Eduard Aschermann (1884–1951),
ein Vorbild

von ihren Nachkommen

ISBN-13: 978-3-923095-47-6

1. Auflage 2007

Verlag: Institut Kirche und Judentum
Zentrum für Christlich-Jüdische Studien an der Humboldt-Universität zu Berlin
Dom zu Berlin, Lustgarten, 10178 Berlin

Alle Rechte vorbehalten. Das Werk und seine Teile sind urheberrechtlich geschützt.
Jede Verwertung in anderen als den gesetzlich zugelassenen Fällen bedarf deshalb
der vorherigen schriftlichen Einwilligung des Verlages.

Satzarbeiten: Andrea Siebert, Neuendettelsau / Claus P. Wagener, Berlin
Druck und Bindearbeiten: Schaltungsdienst Lange oHG, Berlin

INHALT

Vorwort 4

בראשית *Bereschít* (1.M.)
    חיי־שרה *Chajjéj Ssará* (23:2–16)
    Die Höhle oder
    Das Land der Väter
        Limmúd: Jenseits 5

שמות-*Schemót* (2.M.)
    כי תישא *Ki Tissá* (32:1–8)
    Die ewige Schande oder
    Das Kalb
        Limmúd: Die Abtrünnigen 17

ויקרא *Wajikrá* (3.M.)
    ויקרא *Wajikrá* (1:1–6,9)
    Das Opferdilemma
        Limmúd: Ein Wochentag im *Bet ha-Mikdásch* 31

במדבר *Bemidbár* (4.M.)
    בהעלותך *Behaalotechá* (12:1–3,10,11,13,14)
    Mirjám und die fremde Frau
        Limmúd: 1. Wie die Meister in der Heiligen Stadt Jerusalem den
            Meistern in der Stadt Athen deren Weisheit abschauten
            und so ihre eigene Weisheit und sich selbst samt ihren
            zukünftigen Gesellen vor dem Untergang bewahrten
          2. Mischehen 46

דברים *Devarím* (5.M.)
    כי תבוא *Ki Tavó* (26:1–11)
    Der Dank des Bauern
        Limmúd: Armut ist keine Tugend 64

Die reguläre Reihenfolge der Wochenabschnitte in der Torá 78
Die Verfasser 78

Verzeichnisse der Quellen und der Limmudím sowie von Personen und Sachen
finden sich reichlich in den ersten sechs Bänden und werden
deshalb hier nicht wiederholt. Desgleichen wird für die
Einleitung auf diese Bände verwiesen.

Alle hebräischen Texte sind aus der in
Hozaat Koren, Jerusalem,
1985 erschienenen Bibelausgabe übernommen.

VORWORT

Dies ist der erste Band unserer Reihe, der nach dem Tod des Autors, am 11. September 2001 in Haifa, erscheint.

Yehuda Radday hat bis fast zuletzt unermüdlich an den Manuskripten gearbeitet, damit das Werk nach dem „Tag X" von seinen Mitarbeiterinnen und Mitarbeitern vollendet werden könne. Dieses Engagement hat ihn in den letzten zwölf Lebensjahren herausgefordert, erfüllt und rüstig gehalten, die Fertigstellung war sein großes Ziel. So ist denn auch dieser Band in Manuskriptform von ihm selbst ausgearbeitet worden. Uns blieben vorwiegend die üblichen redaktionellen Arbeiten. Trotzdem ist es uns sehr schwer gefallen, uns ohne ihn wieder an die Arbeit zu machen, und wir haben lange dazu gebraucht. Wir hoffen auf das Verständnis unserer Leserinnen und Leser und ihre Treue über die Jahre der Unterbrechung hinweg und freuen uns, daß wir den vorletzten Band nun zum Lernen des Wochenabschnitts vorlegen können, wie bei den bisherigen Bände unter Verwendung der alten Rechtschreibung – Worttrennungen ausgenommen.

In den verschiedenen Phasen der technischen Redaktion und beim Korrekturlesen haben uns Judith Schug und Kathrin Weidenfelder, Hein Ammerlahn und Mareike Witt geholfen, Claus P. Wagener und Andrea Siebert die Erstellung des Layouts übernommen. Allen sei für ihre Mitarbeit herzlich gedankt.

Mit besonderer Freude möchten wir darauf hinweisen, daß die Bände I bis VII in einer durchgesehenen Neuauflage erschienen sind.

Heidelberg/Berlin, im August 2006

Magdalena Schultz
Peter von der Osten-Sacken

DIE HÖHLE
oder
DAS LAND DER VÄTER

1.M. 23:2–16 בראשית כג, ב–טז
Buber-Rosenzweigs Übersetzung

Und Sfara starb in Arba-Burg, das ist Hebron,	2	וַתָּמָת שָׂרָה בְּקִרְיַת אַרְבַּע הִוא חֶבְרוֹן
im Lande Kanaan.		בְּאֶרֶץ כְּנָעַן
Abraham ging hinein, um Sfara zu klagen		וַיָּבֹא אַבְרָהָם לִסְפֹּד לְשָׂרָה
und sie zu beweinen.		וְלִבְכֹּתָהּ׃
Dann stand Abraham auf vom Angesicht seines Toten	3	וַיָּקָם אַבְרָהָם מֵעַל פְּנֵי מֵתוֹ
und redete zu den Söhnen Chets, sprechend:		וַיְדַבֵּר אֶל־בְּנֵי־חֵת לֵאמֹר׃
Gast und Ansasse bin ich bei euch,		גֵּר־וְתוֹשָׁב אָנֹכִי עִמָּכֶם
gebt mir ein Grab zu Hufenrecht bei euch,	4	תְּנוּ לִי אֲחֻזַּת־קֶבֶר עִמָּכֶם
daß ich meinen Toten vom Angesicht mir begrabe.		וְאֶקְבְּרָה מֵתִי מִלְּפָנָי׃
Die Söhne Chets antworteten Abraham,	5	וַיַּעֲנוּ בְנֵי־חֵת אֶת־אַבְרָהָם
zu ihm sprechend:		לֵאמֹר לוֹ׃
Höre uns an, mein Herr!		שְׁמָעֵנוּ ׀ אֲדֹנִי
Ein Fürst Gottes bist du in unsrer Mitte,		נְשִׂיא אֱלֹהִים אַתָּה בְּתוֹכֵנוּ
im erlesensten unsrer Gräber begrab deinen Toten,		בְּמִבְחַר קְבָרֵינוּ קְבֹר אֶת־מֵתֶךָ
niemand von uns wird sein Grab dir versagen,		אִישׁ מִמֶּנּוּ אֶת־קִבְרוֹ לֹא־יִכְלֶה מִמְּךָ
deinen Toten zu begraben.		מִקְּבֹר מֵתֶךָ׃
Abraham stand auf,	7	וַיָּקָם אַבְרָהָם
er verneigte sich vor dem Volke des Landes,		וַיִּשְׁתַּחוּ לְעַם־הָאָרֶץ
vor den Söhnen Chets,		לִבְנֵי־חֵת׃
und redete mit ihnen, sprechend:	8	וַיְדַבֵּר אִתָּם לֵאמֹר
Ists denn nach eurem Sinn,		אִם־יֵשׁ אֶת־נַפְשְׁכֶם
daß ich meinen Toten vom Angesicht mir begrabe,		לִקְבֹּר אֶת־מֵתִי מִלְּפָנַי
so hört mich an:		שְׁמָעוּנִי
tretet ein für mich bei Efron dem Sohne Zochars,		וּפִגְעוּ־לִי בְּעֶפְרוֹן בֶּן־צֹחַר׃
daß er mir die Höhle auf Machpela abgebe,	9	וְיִתֶּן־לִי אֶת־מְעָרַת הַמַּכְפֵּלָה
die ihm gehört, die am Rand seines Angers,		אֲשֶׁר־לוֹ אֲשֶׁר בִּקְצֵה שָׂדֵהוּ
um den vollen Silberwert gebe er sie mir		בְּכֶסֶף מָלֵא יִתְּנֶנָּה לִּי
in eurer Mitte zur Grabhufe.		בְּתוֹכְכֶם לַאֲחֻזַּת־קָבֶר׃
Efron hatte Sitz inmitten der Söhne Chets,	10	וְעֶפְרוֹן יֹשֵׁב בְּתוֹךְ בְּנֵי־חֵת
Efron der Chetiter antwortete Abraham		וַיַּעַן עֶפְרוֹן הַחִתִּי אֶת־אַבְרָהָם
vor den Ohren der Söhne Chets,		בְּאָזְנֵי בְנֵי־חֵת
aller die Zugang hatten zum Torrat seiner Stadt,		לְכֹל בָּאֵי שַׁעַר־עִירוֹ
sprechend:		לֵאמֹר׃

Nicht so, mein Herr, höre mich an!	11	לֹא־אֲדֹנִי שְׁמָעֵנִי
Ich gebe den Anger dir,		הַשָּׂדֶה נָתַתִּי לָךְ
die Höhle darauf, dir gebe ich sie,		וְהַמְּעָרָה אֲשֶׁר־בּוֹ לְךָ נְתַתִּיהָ
vor den Augen der Söhne meines Volkes		לְעֵינֵי בְנֵי־עַמִּי
gebe ich sie dir, begrabe deinen Toten!		נְתַתִּיהָ לָּךְ קְבֹר מֵתֶךָ׃
Abraham verneigte sich vor dem Volke des Lands	12	וַיִּשְׁתַּחוּ אַבְרָהָם לִפְנֵי עַם־הָאָרֶץ׃
und redete zu Efron vor den Ohren des Volkes	13	וַיְדַבֵּר אֶל־עֶפְרוֹן בְּאָזְנֵי עַם־
des Lands, sprechend:		הָאָרֶץ לֵאמֹר
Aber möchtest du selbst mich nur hören!		אַךְ אִם־אַתָּה לוּ שְׁמָעֵנִי
Ich gebe den Silberwert des Angers,		נָתַתִּי כֶּסֶף הַשָּׂדֶה
nimm ihn von mir an,		קַח מִמֶּנִּי
daß ich dorthin meinen Toten begrabe.		וְאֶקְבְּרָה אֶת־מֵתִי שָׁמָּה׃
Efron antwortete Abraham, zu ihm sprechend:	14	וַיַּעַן עֶפְרוֹן אֶת־אַבְרָהָם לֵאמֹר לוֹ׃
Mein Herr, höre mich an!		אֲדֹנִי שְׁמָעֵנִי
Ein Landstück, vierhundert Gewicht Silber wert,		אֶרֶץ אַרְבַּע מֵאֹת שֶׁקֶל־כֶּסֶף
zwischen mir und dir was ist das!		בֵּינִי וּבֵינְךָ מַה־הִוא
und deinen Toten begrabe!	15	וְאֶת־מֵתְךָ קְבֹר׃
Abraham hörte auf Efron,		וַיִּשְׁמַע אַבְרָהָם אֶל־עֶפְרוֹן
so wog Abraham Efron den Silberwert zu,	16	וַיִּשְׁקֹל אַבְרָהָם לְעֶפְרֹן אֶת־הַכֶּסֶף
den er vor den Ohren der Söhne Chets geredet hatte:		אֲשֶׁר דִּבֶּר בְּאָזְנֵי בְנֵי־חֵת
vierhundert Gewicht Silber wies umläuft beim Händler.		אַרְבַּע מֵאוֹת שֶׁקֶל כֶּסֶף עֹבֵר לַסֹּחֵר׃

FRAGEN

1. Was ist der Unterschied zwischen *ger*, einem Ortsfremden, wie sich Avrahám vorstellt, und einem Ansassen, mit welchem sonderbaren deutschen Wort BR das einfache hebräische übersetzen? Außerdem steht im Wörterbuch, *ger* bedeute Konvertit, aber war denn Avrahám einer? Zu seiner Zeit gab es doch noch kein Judentum, zu dem man konvertieren konnte.

2. Der Stadtrat wird hier *am ha-árez* genannt, und so nennt man heute unter Juden eine im Judentum ungebildete Person. Man kann doch von den damaligen Ratsherren nicht erwarten, daß sie sich im Talmud auskennen!

3. In V. 16 läuft Geld um – das klingt lächerlich. Wenn es aber damals eine vielleicht vergessene Bedeutung hatte, so ist es nicht erwähnenswert, weil es bei dem Handel nicht darauf ankam, ob der Käufer bar oder mit Scheck bezahlte.

4. Avrahám verneigt sich ständig. Solche Höflichkeit ist seiner nicht würdig und gegenüber Chettitern übertrieben.

5. Aus Efron wird man nicht klug. Mal ist er spendabel, mal unterwürfig, als ob er der Fremdling in Chevrón wäre, mal gerissen wie ein Bodenmakler und großer Herr.

6. Die umständliche Verhandlung zwischen Käufer und Verkäufer paßt nicht in die biblische Erzählung und hätte auch ebenso gut zwischen den beiden allein stattfinden können, ohne Einberufung einer Volksversammlung und neugierige Zuschauer und Zuhörer.

7. Der Bericht ist zu ausführlich und repetitiv, besonders weil nichts Erzählenswertes passiert.

8. Wer übervorteilt wen?

9. Kennt man heute den Platz der Höhle und wem gehört sie: den Juden, den Christen oder den Muslims?

10. Wie kann die Torá über Avraháms Trauer wortlos hinweggehen?

11. Das Benehmen der beiden Beteiligten ist unnatürlich steif, ihre Redeweise geschraubt.

LEITBLATT

1. Ein vorübergehend Anwesender ist ein Gast. Jemand, der sich permanent an einem Ort niedergelassen hat, ohne jedoch anderes als eben nur dieses Recht zu genießen, ist ein Ansasse. In der späteren Halachá haben sich die Bedeutungen verschoben – siehe MATERIAL Nr. 2.
2. Bedeutungen einer Vokabel können im Laufe relativ kurzer Zeit an Rang und Wert sowohl ab- wie zunehmen, z.B. *maîtresse* – so nannte man einst eine Meisterin, dann eine Lehrerin und schließlich eine Geliebte.
3. Die Antwort bringt MATERIAL Nr. 7.
4. Im Gegenteil, obzwar es die Meinung eines angesehenen Bibelwissenschaftlers ist (MATERIAL Nr. 12a). Richtiger beurteilt ihn MATERIAL Nr. 3, denn er verneigt sich demgemäß gar nicht vor den Chettitern, und Nr. 5, wo ihm zur Ehre gereicht hätte, wenn er es getan hätte.
5. Je nachdem. Erstens darf man auch ein Mensch „mit seinem Widerspruch" (Erasmus) sein, zweitens sehen die jüdischen Kommentatoren in ihm je nach der Einstellung ihrer nichtjüdischen Zeitgenossen zu ihnen mal den Prototyp des entgegenkommenden Mitbürgers in Dortmund (wo B. Jacob [MATERIAL Nr. 11d] Rabbiner war), mal, z.B. in MATERIAL Nr. 4b, den des gewissenlosen orientalischen Händlers. Die Wahrheit wird in der Mitte liegen, wie der Philosophieprofessor sagte, als man ihn fragte, ob es ein Leben nach dem Tode gebe oder nicht. Siehe dazu auch die Anleitung zur FRAGE Nr. 8.
6. Bodenkauf, besonders wenn ihn ein Fremder beabsichtigt, ist immer eine heikle Sache, was allein schon genügend Grund für eine Vollversammlung wäre. Ein weiterer könnte sein, daß damit die Bürger Chevróns positiv charakterisiert werden sollten (MATERIAL Nr. 11c), ebenso etwa Avraháḿs Status in den Augen seiner Umgebung. Dann kann auch mitspielen, was MATERIAL Nr. 10 vermutet.
7. Es geht hier doch um nichts weniger als daß Avrahám ein Stückchen Boden in dem ihm ohne Ankauf zugesagten Land erwirbt, also eher um eine Zeremonie als um eine Transaktion. Der Leser möge ruhig gespannt bleiben, ob wohl Avraháḿs Ersuchen Gehör findet. Endlich leitet die Halachá von diesem Detail einen wichtigen Rechtsanspruch ab. Auch ist nicht unmöglich, daß die Torá, die fast das ganze Register literarischer Mittel kennt und gebraucht, hier in einer Art *genre*-Szene malen will, wie es nun einmal in *Bazaren* Sitte ist.
8. Ein Mann wie Avrahám übervorteilt nicht und nützt keine billigen Gelegenheiten aus, sich zu bereichern – siehe 1.M. 14:21–23: Das Gegenteil trifft zu, und dieses möge die zukünftige Leserschaft beherzigen, wie MATERIAL Nr. 8 empfiehlt. Derselben Ansicht ist MATERIAL Nr. 6a und 11e. Die Disproportion zwischen dem Wert der Ware und dem für sie gezahlten Preis beschäftigt auch MATERIAL Nr. 6b. Der dort abgeleitete Rechtsanspruch ist unter Nr. 7 erwähnt.
9. MATERIAL Nr. 13b beantwortet die Frage nach der Lage bejahend. Gegenwärtig ist die Angelegenheit von erneuter Aktualität.
10. Ein Mann, wie ihn die Torá skizziert, tut alles, ja weit mehr und darüber hinaus, für die verstorbene Gattin, woraus die damals Anwesenden und die heute Lesenden auf seine Gefühle zu schließen vermögen, aber für die Erbauung jener ein Trauergedicht zu verfassen oder vor ihren Augen in Sack und Asche zu erscheinen, ist nicht seine Art. Schön entnehmen die späteren Erklärer aus dem Wort „er kam [hinein]" in V. 2, daß er in Einsamkeit trauerte, und aus „er erhob sich" (V. 3), er sei vorher auf dem Boden gesessen (MATERIAL Nr. 10), wie es Juden in der Trauerwoche auch heute tun.
11. Es muß klar verstanden werden, daß wir von den Gestalten der Torá-Erzählung nicht das Geringste wissen, außer was sie eben von ihnen erzählt. Ebenso wissen wir, daß was sie von ihnen erzählt, keine Biographie ist, sondern eine selektive Wiedergabe jener Details, die auf Generationen künftiger Leser erzieherisch wirken sollen. Mit diesen Überlegungen im Sinn ist es unsere Aufgabe, die Gestalten zu beurteilen und, wie erhofft, von ihnen zu lernen, wie man richtig lebt. Davon redet MATERIAL Nr. 13.

MATERIAL

1. ברכות יח א' *bab. Berachót 18a*:
Unsere Mischná [lehrt]: Jemand, dessen [naher] Toter vor ihm daliegt, ist von [der Pflicht der] Rezitation des *Schemá* enthoben, ebenso von תפילה *tefillá* (= Gebet) und von allen in der *Torá* geschriebenen מצוות *mizwót* (= Gebote). Rav Aschí sagte: Solange ihm obliegt zu begraben, gilt es, als ob [der Tote] noch wirklich vor ihm daliege, auch wenn er nicht [wirklich] vor ihm liegt, wie es heißt „daß ich begrabe".[1]

2. משנת אליעזר *Mischnát R. Eliéser z. St.*:
Lieb sind [uns] die גרים *gerím* (BR: Gäste; sonst: Fremdlinge; heute: Proselyten), denn so nannten sich auch Avrahám [hier] und Mosché (2.M. 2:22).[2]

3. בראשית רבה נח, א *Bereschít Rabbá 58,1*:
(*a*) „und verneigte sich" (V. 7) – daraus [folgt]: Man spreche Dank aus [in Form einer ברכה *berachá* (= Segensspruch)] für eine gute Nachricht.[3]

(*b*) בראשית רבה עט *Bereschít Rabbá 79*:
Das ist einer der drei Orte, die die Völker der Welt Jissrael nicht absprechen können [, als ob wir sie uns widerrechtlich angeeignet hätten, wo wir sie ihnen doch für teures Geld abgekauft haben], und so können sie nicht sagen: [Jetzt] werden wir sie euch wieder wegnehmen. Es sind die Höhle Machpela, der Platz des בית מקדש *Bet Mikdasch* (2 Sam 24:18–25) und Josséfs Grabstätte (Jos 24:12) – so lehrte R. Judán ben Ssimon in unserer Gemará.[4]

4. לקח טוב *Lékach Tov z. St.*:
(*a*) (V. 13) „Ich gebe" (wörtlich: ich habe gegeben) – ein Wort der צדיקים *zaddikím* (= Bewährte) [ist schon gleichwertig ihrer] Tat, denn das Wort steht [hier] in der Vergangenheit, als ob die Gabe schon ausgeführt wäre.[5]

(*b*) Komm und sieh, wie die Frevler handeln: Sie reden viel und halten nicht einmal das geringste: Efrón sagte „Ich gebe [die Höhle] dir [zum Geschenk und wiederholt es in V. 11]", ja dreimal redet er von [sogenannten] Geschenken hier, und am Schluß fordert er „vierhundert wie's umläuft beim Händler". [Solche Leute] sind eben הבל *hével* (= Nichtigkeit) und ihre Worte [hier: Versprechungen] sind הבל *hével*, und alle ihre Handlungen sind הבל. Die צדיקים *zaddikím* (= Bewährte) dagegen sind אמת *emét* (= Wahrheit, hier: ehrlich) und ihre Worte אמת.[6]

---

1   Es ist in der Auslegung besonders der frühen Mündlichen Lehre üblich, einerseits in alltägliche Verhaltensweisen der biblischen Gestalten, besonders jener der Torá, Lebensregeln hineinzulesen, wie sie späteren Gelehrten empfehlenswert schienen, andererseits von deren vorbildlichem Verhalten Lebensregeln früherer Epochen abzuleiten. Diese beiden Richtungen sind „komplementär" und jeweils reversibel. Der vorliegende Fall betrifft die Frage des empfehlenswerten Verhaltens eines Hinterbliebenen während der Stunde des Ablebens seines nahen Verwandten und dessen Beerdigung. Zuerst sei darauf hingewiesen, daß jeder Aufschub derselben schon in der Torá als Mangel an Respekt gegenüber dem Toten angesehen wird (vgl. 5.M. 21:23). „Beschäftigung mit dem Toten", wie der Fachausdruck lautet, ist höchst lobenswert und schließt das Begräbnis mit ein, ganz im Sinne des jüdischen Menschenbildes: Eine Leiche „daliegen" zu lassen entwürdige den Toten, und diese Eventualität „verdränge" die Erfüllung zwar nicht aller Gebote (wie die Mischna übertreibend lehrt), nur vieler, darunter die oben genannten wesentlichen, aber nur solange der Trauernde ein *onén* ist, d.h. in der erwähnten Zwischenzeit.

2   Das Wort *ger* hat eine entscheidende semantische Entwicklung durchgemacht. Die Torá meint damit eindeutig den sich zeitweilig in fremder Umgebung aufhaltenden und nicht zur sozialen Einheit gehörenden „Gast", in der rabbinischen Gedankenwelt bezeichnet es einen Konvertiten zum Judentum, eine Diskrepanz, die zu nicht unerheblichen Mißverständnissen führt(e). Die Einstellung zum Konvertiten ist begreiflicher Weise ambivalent, zum Fremdling ist sie unbestritten positiv. R. Eliéser setzt sich über den diachronischen Bedeutungswandel des Wortes *ger* hinweg, weil der hohe Zweck der Akzeptanz von Konvertiten das Mittel einer philologischen Ungenauigkeit heiligt. Da Avrahám selbst als der erste Konvertit gilt, erhält jetzt jeder Konvertit das Patronym *ben Avrahám*, für RaMBáM ein ehrenvollerer als *ben Jissrael* o. ä., denn ein solcher ist ohne sein Zutun als Jude geboren.

3   Die Verneigung ist doch kaum anders zu verstehen als vor der Vollversammlung der Einwohner Chevróns, aber der aggadische Midrásch ergreift die Gelegenheit, um gebührendes Benehmen zu lehren, indem er sie als Danksagung an Avraháms Gott hinzustellen. Die ברכה *berachá* beim Eintreffen einer guten Nachricht lautet „Gelobt/bedankt seist usw., der gütig ist und Gutes bewirkt".

4   R. Judans Diktum zeigt nur, daß, wie bekannt, schon im 4. Jh., kurz nach Kaiser Konstantin, das Anrecht auf Bodenbesitz im Lande Juden abgesprochen wurde. Das von ihnen vorgebrachte Argument, ihre Vorfahren hätten jene drei ihnen so teuren Orte für klingende Münze erstanden, nützte selbstverständlich nicht im geringsten. Alle drei liegen heute jenseits der Grenzen des Staates Israel, und ihr künftiges Los läßt sich wie gewohnt unter jenem Himmelsstrich nicht voraussagen.

5   Noch hatte Avrahám nichts „gegeben" und dennoch steht das Verbum in der Vergangenheit, als ob er schon etwas gegeben hätte, aber wenn ein rechtschaffener Mensch bloß ankündigt, er hätte etwas getan, so gilt das als ein Versprechen, es zu tun. Kurz, ein Avrahám, ein Wort.

6   Wie sich die Kommentatoren zu Efrón stellen, ist verschieden. In Perioden relativ guter Beziehungen zwischen Juden und „anderen" halten sie ihn leicht amüsiert für ein zuvorkommendes Schlitzohr, hatten sich die Zeiten zum Gegenteil geändert, diente er als Beispiel eines unredlichen und unzuverlässigen Händlers. Daß ihn R. Eliéser gleich einen Frevler nennt, weil er sein Wort („*geschenkt*") zurück nimmt und für seine Ware einen exorbitanten Preis verlangt, hat zwei Gründe. Der eine ist, daß ehrlicher Handel ein Torá-Gebot ist (5.M. 25:14–15), was nicht verbietet, auf den eigenen Vorteil bedacht zu sein. Dieser Grundsatz, gegen den ethisch nichts einzuwenden ist, brachte Juden in der Geschichte sowohl den Ruf der höchsten Vertrauenswürdigkeit ein – Könige (sogar Ferdinand in Spanien kurz vor ihrer Vertreibung) bis Premiers (Margaret Thatcher) wählten Juden als ihre Finanzminister und Berater – als auch zugleich der pfiffigen Tüchtigkeit, wie zu großem Vermögen zu gelangen sei, als ob eines das andere aus-

5. מדרש הגדול *Midrásch ha-Gadól z. St.:*
Groß ist die Bescheidenheit, in der sich אברהם אבינו *Avrahám avínu* (= unser Vater) auszeichnete: Die Größten seiner Generation ehren ihn und nennen ihn [hier] Fürst – und er erniedrigt sich aus Bescheidenheit und Zurückhaltung [sogar] vor den Geringsten unter ihnen, wie es ja heißt „Volk des Landes".[7]

6. בבא מציעא פז א' *bab. Bavá Meziá 87a:*
(a) R. Eliéser sagte: Die Frevler reden viel und nicht einmal weniges halten sie. Woher [ist] uns [das bekannt]? Von Efrón: Zuerst [redete er] von Land im Werte von 400 שקל *Schékel* (= Gewicht) Silber [als Geschenk] und schließlich „wog dem Efrón אברהם *Avrahám* 400 שקל כסף *Schékel Késsef* (= Silber), [und zwar] wie es umläuft beim Händler", ab, denn er wog ihm nichts als [echte][8] Kanterin (= Zentner) ab.
[Dazu R. Barúch Epstein in *Torá Temimá:* Das sind größere שקלים *Schekalím* von je 100 *Séla*, und in der Sprache Roms heißt 100 so, auf לעז *láas* (= Fremdsprache, d.h. altfranzösisch) *centiers.*][9]
(b) „daß er mir abgebe" – als ein Tauschhandel [zwischen uns], weil [רבנן *rabbanán* {= unsere Meister} dereinst entscheiden werden:] Wenn jemand eine Nadel gegen ein Kamel eintauscht, wird, da ein Tausch vorliegt, der jeweilige Wert nicht abgerechnet.[10]

(c) Auch trat Avrahám „in eurer Mitte" auf, damit nicht [einmal] einer von euch komme und aufgrund des [rabbinischen] דין *din* [das Recht] bezüglich des *bar-mizrá* (= Anrainer) Einspruch erhebe oder behaupte, sein שטר *schetár* (= Vertrag, Wechsel, Dokument) hätte Vorrang.
[Dazu R. Baruch Epstein in *Torá Temimá:* Der דין *din* (= hier: Entscheid) besagt:
Verkauft einer sein Grundstück, hat sein ihm anrainender Nachbar vor anderen Interessenten das Vorkaufsrecht. Der דין beruht auf „Tue das in SEINEN Augen Rechte und Gute"[11] (5.M. 6:18). Der דין *din* (und seinesgleichen) entspringe somit mangels einer Anordnung der Torá dem natürlichen Rechtsempfinden.]

7. *R. Jonatán Eibeschütz, Tiféret Jonatán z. St.:*
„wie's umläuft usw." – der Grund dafür, daß er ihm den Kaufpreis in Münzen gab und nicht in reinem Silber, ist, daß man einem Götzendiener nicht Silber aushändigen soll, weil der Verdacht besteht, er würde sich daraus einen Götzen herstellen [und wir dann behilflich wären, Irrtümer zu verbreiten]. Münzen sind erlaubt – warum? Weil es ihn leidet, zu Schaden zu kommen, denn manchmal ist eine Münze mehr wert als ihr Silbergehalt.[12]

---

schließe. Der zweite Grund ist die Eigenheit des biblischen und rabbinischen Hebräischen, in Extremen zu denken und Nuancen zu ignorieren. Hebräisch kennt nur schwarz und weiß, auch wenn der Sprecher sich bewußt ist, daß die Wirklichkeit in der Mittelzone liegt.

7 Wie oben (Anmerkung Nr. 2) das Wort *ger,* so hat auch *am ha-árez* eine Bedeutung in der Schrift und eine andere im nachbiblischen Hebräisch. Dort ist es die Versammlung aller Bürger oder deren Repräsentanz, später heißen so die Ungelehrten im Gegensatz zu den „Weisen". Ähnlich wurde im Deutschen aus dem Heiden, vermutlich dem Bewohner einer Heide, d.h. unbebauten Landes, ein Unbekehrter und in seinem Aberglauben Befangener – so wie im Kirchenlatein einfach aus einem *paganus,* d.h. Dorfbewohner, ein Nichtchrist. Oben projiziert der Midrásch die späte Bedeutung des Ausdrucks in biblische Zeiten und zeigt seinen Avrahám als menschenfreundlich, so daß er sich herabläßt, ungelehrte Plebs höflich zu behandeln. Einige spätere Tannaím weigerten sich sogar, mit einem *am ha-árez* – das Wort, ehemals ein Kollektiv, wurde seitdem im Singular gebraucht – bei Tisch zu sitzen. Der obige Satz ist also auch ein Seitenhieb gegen *religious/intellectual snobs.*

8 Echt nennt er sie wegen ihrer Rarität und/oder wegen des möglichen Wertzuwachses von Silber, welches nach A. Horowitz (Hebr. Universität, Jerusalem) zu gewissen Zeiten geschätzter war als Gold.

9 Es ist RaSCHIs Ausweg, seltene biblische Wörter und griechisch-lateinische Lehnwörter, die in der nachbiblischen Literatur vorkommen, in die Umgangssprache der Juden seiner Zeit in der Champagne, also ins Altfranzösische (oder ins Mittelhochdeutsche für die im Rheinland) zu übersetzen und in hebräischen Buchstaben zu transliterieren. Er kennzeichnete sie dann, um sie von den originalhebräischen zu unterscheiden, als *láas,* ein Wort zweifelhafter Herkunft.

10 So wie Channas Gebet in 1 Sam Kap. 1 das Vorbild für spätere, die Liturgie betreffende Vorschriften wurde, so wurden Avraháms Verhandlungen beispielhaft für *chasál*

(= die Weisen), wenn sie wünschten, Kauf und Verkauf vor allem von Grundstücken zu regeln. Auf diese Weise behaupten sie einerseits, ihm nachzueifern, schreiben jedoch andererseits ihm zu, sich intuitiv nach ihren zukünftigen Entscheiden vorausschauend gerichtet zu haben. Hier geht es darum, daß bei einem beiderseits freiwilligen Austausch von Gütern, also praktisch von Geschenken, die Differenz zwischen deren jeweiligem Wert keine Rolle spielen darf und nicht einklagbar ist.

11 Dieser *din,* hier ein gerichtlich oder rabbinisch genehmigter Usus, ist die fünfte der 18 restriktiven Normen, genannt *geserót,* die die Tannaím kurz vor oder andere kurz nach dem Fall Jerusalems in einer Synode „im Obergeschoß des Chananjá ben Chiskijá" beschlossen. Aufgezählt in m. Schabbat 1,5 bezweckten sie unter anderem, der um sich greifenden allmählichen, besonders sozialen Annäherung der jüdischen an die römische Lebensweise Einhalt zu gebieten. Sie werden relativ oft erwähnt, weil nur in diesen gezählten Fällen unter hunderten die Schule Hillels die Schammájs überstimmte und sich die Halachá ausnahmsweise nach dieser richtet. Einer der achtzehn ist der *din* vom „Anrainer" (*bar mizrá*), der dem Nachbarn eines zum Verkauf angebotenen Grundstückes Vorkaufsrecht einräumt. Der Fall der Höhle und ihr Ankauf vor dem Plenum der Stadträte, unter denen es ja auch „Anrainer" gab, diente den Tannaím als Präzedenzfall: Nunmehr konnte keiner der Chettiter behaupten „sein *schetár* (= Dokument) habe Vorrecht". In der Torá steht allerdings nichts darüber geschrieben, aber bei der Abstimmung berief man sich auf ihr Wort „Tue das in SEINEN Augen Rechte und Gute", ungeachtet dessen, ob der Fall unter ein Gebot fällt oder nicht, denn starr dem kodifizierten Gesetz Gehorsam zu leisten und das, was nicht kodifiziert ist, zu ignorieren, ist „ungerecht". Davor warnt Kohélet: „Am Orte des Rechts – [auch] dort gibt es Frevel" (3:16). Für dergleichen hat die Gemará eine treffende Bezeichnung: רשע ברשות התורה *raschá bi-reschút ha-torá* (= ein Frevler mit Erlaubnis der Torá).

12 Das zielt vermutlich gegen Fälle – niemand weiß, ob selten oder häufig – von Klerikern, denen der Autor in Hamburg-Altona in der Mitte des 18. Jhs. begegnete, die sakrale Geräte zu versetzen und sogar zu verkaufen bereit waren.

8. *R. Schemuél Mohliver (zitiert aus A. J. Greenberg, Itturéj Torá):*
Wozu berichtet die Torá so ausführlich über den Ankauf? Wenn einst der Tag kommt, an dem wir den Boden unseres heiligen Landes auslösen werden, mögen wir daran denken, nicht kleinlich auf dem niedrigsten Preis zu bestehen, sondern großzügig [wie Avrahám] den maximalen zu bezahlen.[13]

9. *R. J. L. Graubart (zitiert aus A. J. Greenberg, Itturéj Torá):*
Warum akzeptierte Avrahám nicht das freundliche Angebot der Chettiter, Ssará in der besten ihrer Grabstätten zu beerdigen, sondern zog vor, eine entfernte „an der Feldecke" zu kaufen? Er erschrak angesichts der Möglichkeit, sie dann neben irgendeinem ihrer edlen Ritter, Helden, Mörder oder Trunkenbolde zu begraben.[14]

10. *R. J. M. Charlap (zitiert aus A. J. Greenberg, Itturéj Torá):*
Avrahám trauerte damals und saß [wie üblich bei Juden] auf der Erde. Trotzdem stand er vor den Ältesten auf und ließ es an nichts von den Sitten der örtlichen Höflichkeit und der angebrachten Dankbarkeit fehlen.[15]

11. *Benno Jacob z. St.:*
(a) Die Verhandlung hat Gunkel völlig mißverstanden: „Er ist überaus demütig, um in den Besitz der Höhle zu kommen". Das Gegenteil ist wahr. Die Chettiter reden ihn dreimal mit „mein Herr" an, er sie so aber nie und bezeichnet sich nie als „euer Diener" [wie Jehudá vor Pharaoh (1.M. 44:18)]. Gunkels Bemerkung „Das Judentum charakterisiert sich so selber: man versteht es, gegebenenfalls höchst ehrerbietig gegenüber Heiden zu sein, die man im Grunde verachtet" ließe sich mit vollem Rechte umkehren: Unterwürfig ist, wem ein gutes Geschäft winkt. Da ist der verachtete Jude der hochgeschätzte Mitbürger, der mit ausgesuchter Höflichkeit behandelt wird. Nie wird in der Erzvätergeschichte der Heide verachtet.[16]

(b) Kaufen und Verkaufen kommen im ganzen Kapitel nicht vor, vornehme Leute machen keine Geschäfte miteinander, sondern „beschenken" sich gegenseitig, wenn sie auch sehr genau darauf achten, daß das Gegengeschenk mindestens denselben Wert hat.

(c) „Gottesfürst" in V. 6 ist ein wundervolles und einmaliges Wort, ebenso ehrenvoll für sie wie für ihn. Sie haben eine Ahnung, daß sie einen außerordentlichen Mann vor sich haben, der einer [anderen] Welt angehört und den in ihrer Mitte zu wissen für sie eine Ehre ist. Sie beugen sich einer nicht von Menschen verliehenen Würde.

(d) Efrón wartet, um an Edelmut nicht zurückzustehen, die Intervention ab und ergreift das Wort, um das Gewünschte anzubieten. Es sei geschenkt (dreimal!), alle sollen Zeugen sein, er weiß sich nicht genug zu tun. In V. 15 steht er auf der Höhe der Situation. Er sagt nicht plump: es kostet soundsoviel, sondern behandelt Geld *cavalièrement* als Lappalie.

(e) Wenn in 5.M. 22:29 der מוֹהַר *móhar* (= Brautpreis) eines israelitischen Mädchens 50 שֶׁקֶל *Schékel* beträgt, so ist der Preis von 400 für ein [entlegenes] Feld ohne Nutzungswert [und voller leerer Höhlen] ungeheuer hoch, und Efrón mag ihn nicht ohne Herzklopfen ausgesprochen haben.[17]

(f) Eigentum eines Stückchen Lands gibt noch kein Anrecht auf das Ganze. Wohnrecht würde besser durch den Besitz von Häusern begründet sein, aber auch dies hat nie die Enteignung und Vertreibung der Juden verhindert. So wird die Höhle für die in Ägypten Lebenden zum Magnet, später zum Einigungspunkt und Kanaan zum Land der Väter. Der Erwerb schafft nicht einen Rechtstitel, sondern bindet das Herz. Mit der Bezahlung achtet Abraham den gegenwärtigen Rechtsstand und bekundet seine legale Korrektheit.[18]

---

13 Der Autor, von dem das Wort „Zionismus" stammt und der zu den Gründern der vor-Herzlianischen kleinen Gesellschaft *Chovevéj Zión* (= Liebhaber Zions) gehörte, wirkte für die nicht nur erhoffte, sondern für die tatsächliche Rückkehr dorthin aus religiösen wie nationalen Gründen, ein seltener Fall unter den Rabbinern Mittel- und Westeuropas seiner Zeit, die Herzls Ideen ablehnten, um ihre Gemeinden nicht in den Verruf der Illoyalität zu bringen. Er sah darin die gleichzeitige Verwirklichung allgemeinmenschlicher ethischer Ideale, woher das Zitat rührt. Die Realität verlief nicht genau, wie er geträumt hatte, aber glücklicherweise auch nicht gänzlich anders.

14 Mit Leuten wie die obigen, und seien sie auch von Adel, möchte ein frommer Mann wie unser Autor nicht nur nicht leben, sondern auch neben ihnen nicht einmal begraben sein.

15 Mit einem Wort: ein Gentleman.

16 Ob die Bibelforschung eine Wissenschaft (*science*) oder eine Gelehrsamkeit (*scholarship*) ist – letzteres wäre keine Geringschätzung – darüber läßt sich streiten. Neuere Philosophen wie Karl Popper neigen eher dahin, den zweiten Titel zu verleihen und den ersten abzusprechen. Fraglich ist, ob auch jeder Bibelwissenschaftler in der Tat wissenschaftlich vorgeht, mit anderen Worten mit obligat strikter Vorurteilslosigkeit arbeitet. Gunkel, immer noch und auch von jüdischer Seite sehr verehrt, scheint den Vorbehalt zu verstärken.

17 Das Herz der Ratsherren mag auch geklopft haben. Bis aufs äußerste gespannt folgen sie dem Vorgang: Wie wird der fremde Herr reagieren und, dem Eindruck gemäß, den er bisher gemacht hat, sich mit Freund Efron auf den halben und immer noch überzogenen Preis einigen? Dann folgen sie dem Abwiegen des Silbers wie gebannt – mit offenem Munde und ihren Augen nicht trauend.

18 Ein Apropos: Als einziger der 1938 in Evian-les-Bains zusammengetretenen Vertreter der Mächte und vieler weniger einflußreicher Staaten erklärte sich General Trujillo, der berüchtigte Diktator von San Domingo, bereit, 100 000 der aus Deutschland und der Verfolgungen fliehenden Juden aufzunehmen. Bis Kriegsausbruch kamen gerade noch 600 dort an und erhielten von dem freigebigen Philosemiten – so nannte er sich in Evian – sage und schreibe 20 000 qkm völlig wertlosen staatlichen Bodens zum Geschenk. Dafür geruhte er, nach den Memoiren von Rabbi Stephan Wise, einem Augenzeugen, von jüdischen Philanthropen in USA ein Gegengeschenk von $ 50 000, damals eine relativ hohe Summe anzunehmen. Da der geschenkte Boden sich für keinerlei Landwirtschaft eignete, lebten die 600 Ankömmlinge nur so lange am Ort, bis sie entweder sich ein Visum irgendwohin erbettelt hatten oder dort gestorben waren. Eine jüdische Gemeinde gab es nie und gibt es nicht in San Domingo.

12. *Korán, S. 377:*
Beachte die Worte des Moses an sein Volk. Er sagte: „Gedenke, mein Volk, der Gnaden, die Allah euch erwiesen hat. Er hat Propheten in eurer Mitte erstehen lassen, euch Könige ernannt, und geschenkt, was er keiner anderen Nation geschenkt hat. Zieht ein, mein Volk, in das Heilige Land, das Allah für euch bestimmt hat, kehrt nicht um, sonst geht ihr zugrunde."

13. *Y. T. Radday:*
(a) Avrahám ist hier, wie ihn die meisten Quellen und Zitate überhaupt auffassen, exemplarisch zu verstehen. Er nennt vor den Fremden nie den Namen der Verstorbenen, nie ihr Geschlecht, nie ihr Alter. Er redet auch nicht von ihr als von seinem Weib (weiblich) und taktvoll spricht er nur von einem Leichnam (maskulin!). Darauf geht die Gegenseite taktvoll ein, indem sie in gleicher Weise, Abrahams Rede aufgreifend, antwortet. So endet jede Rede der beiden Verhandlungspartner mit „der Leichnam" oder mit dem Verbum „begraben". Alles geschieht öffentlich, unter freiem Himmel, aber im Schatten des Tores, an einem Ort und an einer Stelle, und kann schwerlich mehr als eine Stunde gedauert haben. Der Käufer bezahlt mit klingender Münze in bar, ohne zu feilschen, und in bester Valuta. Als Bittsteller spricht er ausgesucht höflich, ohne sich das Geringste zu vergeben. Einem Mann von solchem Format ist man in Chevrón und vielleicht in ganz Kenáan noch nie begegnet – kein Wunder, daß der Konsens der Chevroner ist, der alte Mann hätte etwas Fürstliches, wenn nicht gar Göttliches an sich (V. 6).

(b) An die fünfzehn Jahrhunderte war jene Höhle eine unter vielen bei Chevrón, bis Herodes um die „Zeitwende" auf den Gedanken kam, er könnte sich, bisher als „edomitischer Knecht" verhaßt, die Liebe seiner Untertanen erwerben, wenn er existierende Heiligtümer wie den Mikdasch prunkvoll verschönte und neue errichtete, was auch seiner Besessenheit entsprach, permanent etwas zu bauen. Er wählte jene Höhle – warum diese, ist unbekannt – und erklärte sie zur Grabstätte der drei אבות *avót* (= Väter, bzw. Vorbilder) und ihrer Frauen, der אימהות *immahót* (= Mütter). So sieht die Dinge eine Gruppe von Archäologen und Historikern, eine zweite lehrt die historische Echtheit der Höhle, unsere Sache ist es nicht, ein Urteil zu fällen. Es hat den Anschein, daß Juden ein paar Jahrhunderte lang von dem Bauwerk keine Notiz nahmen. Als 637 arabische Muslims das Land eroberten und Kirchen – Synagogen gab es keine – als ihre Moscheen okkupierten, benutzten sie die Überreste einer bei der Höhle gebauten byzantinischen Kirche in Chevrón als eine solche. Geschichtlichkeit kümmerte sie wenig, wie sie ja auch alsbald Moscheen errichteten, z.B. über angeblichen Gräbern biblischer Propheten, sogar unweit Jerusalems über Mosches Grab, obzwar er ja niemals das Land betreten hatte. Christen und Juden war zu Beginn der Eintritt durch separate Türen erlaubt, dann aber mit Ausnahme europäischer gekrönter oder demnächst zu krönender Häupter auf die ersten sieben Stufen begrenzt oder ganz untersagt. Christen verloren langsam Interesse an dem Ort im Unterschied zu den Juden, von denen manche die fraglichen Traditionen der Muslims zu übernehmen bereit waren, sich trotz der erwähnten Eintrittssperre in Chevrón ansiedelten und dort eine Reihe angesehener Talmud-Akademien (*Jeschivót*) gründeten. Sir Moses Montefiore führte Mitte des 19. Jhs. mit muslimischen Behörden Gespräche bezüglich eines Ankaufs der Stätte, die aber zu nichts führten. Unter der britischen Mandatsverwaltung nach dem Ersten Weltkrieg stand die Moschee je nach dem politischen Klima unter militärischer oder polizeilicher Bewachung, was aber das Massaker an über 70 Jeschivá-Rabbinern und ihren Studenten durch aufgehetzten muslimischen Mob am Schabbat, dem 24. August 1929, nicht verhinderte. Nach dem Sechs-Tage-Krieg 1967 fiel die Stadt an den Staat Israel und ist seitdem von neuem neben arabischen Bürgern von jüdischen Siedlern bewohnt. Zwischen den Gruppen bestehen zur Zeit Spannungen wechselnder Intensität. Das endgültige Schicksal der Stadt und der Höhle ist zur Zeit der Niederschrift dieser Zeilen noch in Schwebe.

LIMMÚD

Jenseits

Paradies und Hölle, Leib und Seele, Lohn und Strafe, Auferstehung und Unsterblichkeit – alle diese Begriffspaare gehen auf eines zurück: auf Tod und Leben. Um den Tod zu verstehen und sich mit ihm abzufinden, sollte man Leben zu verstehen und zu definieren versuchen. Der Biologe definiert es mit den Funktionen der Irritabilität, d.h. der Fähigkeit, auf Stimuli zu reagieren, der Mobilität, sich zu bewegen, der Homeostasis, sich selbst zu regulieren, und der Multiplikation, sich zu vermehren. So gesehen ist es schierer Irrsinn, auf ein Jenseits auch nur zu hoffen, doch können wir nicht umhin, es zu tun, weil zumindest daran zu denken uns lebenswichtig dünkt. Die Welt, so Georg Brandes in seiner Interpretation Nietzsches, liefert uns nicht den geringsten Hinweis auf die Bedeutung unseres Lebens in der Welt, so daß wir verzweifelt nach etwas suchen, was ihm vielleicht Bedeutung geben könnte, z.B. einem Ideal nachjagen oder, obgleich alles dagegen spricht, ein Leben nach dem Tode voraussetzen. Vor drei Jahrhunderten stellte Thomas Browne den traurigen Vergleich an, *la condition humaine* erinnere ihn an eine Kerze, die, wenn entzündet, dadurch, daß sie notwendiges Licht spendet, sich selbst verzehrt. Auch Goethe sagte einmal zu Eckermann, es sei Menschen unmöglich, sich vorzustellen, sie würden einst zu leben und zu denken aufhören, wodurch sie den Beweis ihrer Unsterblichkeit unfreiwillig in sich selbst tragen, sie würden sich jedoch mit ihrem Versuch, aus sich hinauszutreten und objektiv zu sein, unweigerlich in Widersprüchen verlieren. Da war sogar Darwin optimistischer: Es sei ein unerträglicher Gedanke, daß der Mensch nach solch einem lang andauernden langsamen Fortschritt zu totaler Vernichtung verurteilt sei.

Aristoteles schlägt in seiner *Nikomachischen Ethik* einen Ausweg vor: Von einem Überleben, ob des Leibes oder der Seele, könne keine Rede sein, aber der Mensch solle mit all seiner Kraft nach Unsterblichkeit trachten, indem er im Einklang mit dem höchsten Gut lebe, das ihm beschieden ist, womit Aristoteles den Intellekt meint – kein guter Rat, weil er aristokratisch-elitär ist, kalt in Ermangelung jeder Menschlichkeit und dazu gefährlich: mittels ihres Intellekts liegt ja eine gewisse „Unsterblichkeit" auch in Reichweite politischer Verbrecher, wie die Geschichte zeigt. Für Aristoteles ist offenbar jeder Mensch ein bißchen unsterblich, denn keiner ist jeden Intellektes bar, nur manche sind eben unsterblicher.

Dabei war die aristotelische Ablehnung eines Weiterlebens in einem Jenseits nur eine infinitesimal kurze Unterbrechung im Verlauf des bis in die Zeit des Neandertalers reichenden Glaubens daran, weswegen dieser seine Toten begrub. Was ihn dazu veranlaßte, entzieht sich eindeutiger Beurteilung, auf jeden Fall aber ist seither der Mensch das einzige Lebewesen, dem der Gedanke an ein (mögliches) Leben nach dem Tode gekommen ist und der sich ihn, ungeachtet Aristoteles und des Mangels eigener Erfahrung, nicht hat ausreden lassen. Dieser universale Gedanke findet sich gemäß J. G. Frazer in allen, auch in den Natur-Religionen (ausgenommen vielleicht bestimmte Ausprägungen des Buddhismus), hat das Leben des Menschen tief beeinflußt und ist ein sublimes Zeugnis für seinen Genius, kraft dessen er behauptet, die Gestirne zu überleben, und damit vermag er, in seinem Dasein mehr als eine kurze Spanne vergeblicher Mühsal zu sehen.

Unwiderlegbar ist allerdings, daß seit dem Zeitalter der Vernunft die Sicherheit, etwas am Menschen sei unsterblich und es gebe ein Jenseits, radikal abgenommen hat: Sie ist von vielen in den Bereich des Aberglaubens relegiert worden. Darob mag dieser oder jener triumphieren, aber nicht mit vollem Recht. Eine Folge des heute in der westlichen Welt verbreiteten Zusammenbruchs übernatürlicher Glaubensprinzipien ist möglicherweise der genauso verbreitete Zusammenbruch ethischer Grundsätze, weil nunmehr weder Lohn noch Strafe in einem Jenseits droht. Gebiert die Negierung der Immortalität vielleicht Immoralität? Die Zeit wirds lehren.

Dennoch: Tot ist die Unsterblichkeit selbst nicht. Malinowski spricht von ihrer neuerdings gesellschaftlichen Modalität. Immer schon hat der Glaube an Unsterblichkeit zur Stabilität sozialer Gruppen beigetragen und in sich den Keim von Begriffen wie Vorsehung und Verantwortung beinhaltet. Er denkt an jene Unsterblichkeit, die der Mensch durch die drei W's erreicht: durch seine Werte, Worte und Werke.

Wie steht das Judentum zu diesem Fragenkomplex? Von der Torá heißt es in Wellhausens *Prolegomena*, sie kenne ein Fortleben nach dem Tode „noch nicht". „Nicht" mag richtig sein, wenn man in ihr eine explizite, das Fortleben bejahende Aussage zu finden hofft, „noch nicht" bekundet komplettes Mißverständnis der anthropologischen Situation. Eine Jenseits-Vorstellung haben, wie erwähnt, auch die primitivsten Religionen, weswegen es absurd ist, sie der doch keineswegs primitiven israelitischen abzusprechen. Vielmehr ist ihre auffällige Abwesenheit der Absicht der Torá zuzuschreiben, sich von der morbiden Jenseits-Besessenheit Ägyptens zu distanzieren, woher auch der Mangel an jüdischem Ahnenkult und „Friedhofskultur" zu stammen scheint. Er kann auch bis heute beobachtet werden, es sei denn, daß lokale Juden sich, um der „Judenfrage" zu entgehen, schönen christlichen, aber eben unjüdischen Sitten angepaßt haben: Da gibt es auch auf jüdischen „Gottesäckern" Mausoleen, Grabsteine, „Friede seiner Asche" – Einäscherung ist strengstens verboten! – und Schutzengel zu sehen und Musikkapellen zu hören.

Eine Reihe von späteren Schriftworten (Jes 38:18–19; Ps 6:6; 115:17) negiert unmißverständlich eine Existenz im Jenseits, andererseits wiederholt die Torá allein zehnmal (1.M. 25:8,17; 35:29,33; 49:29,33; 4.M. 20:4; 31:2; 5.M. 32:50 [2x]) das Idiom „zu seinen Vorfahren versammelt werden" – kann das wirklich nur sagen wollen, neben ihnen bestattet zu werden? Wie auch immer, die Toten führen in jedem Fall nur eine Schattenexistenz: „Nicht die Toten anjubeln JAH und nicht alle ins Schweigen Versunkenen" (Ps 115:17).

Aber auch Gegenbeweise liegen vor. In Channás Gebet „tötet und belebt [Gott], führt hinab ins Grab und holt empor" (1 Sam 2:6), und ähnlich steht in Moschés Abschiedslied „Ich töte und belebe" – aber vielleicht tötet er den einen und belebt den anderen? Für den allerdings sehr späten Daniél besteht kein Zweifel: die „unter der Erde Schlafenden erwachen" (12:2), doch auch im sehr frühen Samuél (1 Sam 28:8) steigt ein längst Verstorbener aus der Gruft empor. Mit einem Wort: Die biblischen Evidenzen widersprechen einander. Tröstlich ist unter diesen Umständen Jesaja (64:3): „Von Urzeit her [...] hat man nicht erlauscht, nie hat, o Gottheit, ein Auge [etwas davon?] gesehen außer dir": Es scheint, man war sich einer Sache sicher, ohne zu wissen oder wissen zu müssen, wessen genau man sich sicher war.

Infolge der Religionsverfolgungen in der hasmonäischen Epoche – die ersten in der Geschichte – und der griechischen Einflüsse erwiesen sich die bisherigen Lösungen des Problems irdischen Leidens als unbefriedigend, obgleich auch dies im Judentum nicht (wie es anderswo geschah) zur generellen Verneinung des hiesigen Lebens führte. Dennoch, so scheint es, kam man ohne die Annahme eines retributiven Jenseits und damit ohne irgend eine Art von Unsterblichkeit und Auferstehung der Toten nicht mehr aus, eine Tendenz, die die Sadduzäer als eine Neuerung gegenüber der Torá, u.a. mit Berufung auf „Seid nicht Knechten gleich, die um des Lohnes willen dienen" (Avót 1,3), heftig, aber erfolglos bekämpften: Die göttliche Vergeltung bis über das Grab hinaus auszudehnen war eine notwendige Folgerung aus der Gerechtigkeit Gottes und der Erfüllung seiner Verheißungen, solange sie auf Erden auf sich warten ließen. Daß die Ideen der individuellen Unsterblichkeit und der kollektiven Auferstehung einander widersprechen, kümmerte die Rabbinen bei der für sie charakteristischen unsystematischen Denkungsart wenig.

Stattdessen ergingen sie sich einerseits in z. T. phantastischen Ausmalungen der „Künftigen Welt", wo körperliche Bedürfnisse nicht mehr bestehen und die Gerechten sich im Glanze der Schechiná ergehen, andererseits in extravaganten Interpretationen, die beweisen sollten, die neuen Ideen stünden schon in der Torá angedeutet (nach Ssanh. 90b z.B. bezeugt 5.M. 31:16, Mosché sei auferstanden). Andere blieben nüchterner, aber hielten an der alt-neuen Wahrheit fest: „Wer die Auferstehung leugnet, hat keinen Anteil an der künftigen Welt" (m. Ssanh.10). Das Diesseits war von nun an das Vestibül, um ins „Traklín" (= lat. *triclinium*, Salon) zu gelangen (Avót 4,21), jedoch auch das Vestibül hielten sie weiterhin für höchst bewohnenswert, und niemals schoben sie dem irdischen Leib die Schuld für den Fehl der himmlischen Seele zu, sondern hielten beide für gleich erhaben und fähig zu straucheln. Zur Bekräftigung der Doktrin der Auferstehung zitiert die zweite *Berachá* (= Segensspruch) des Stammgebetes *Amidá* unter den Demonstrationen der Allmacht das Vorhandensein von Nahrung für alle Geschöpfe, die Heilung der Kranken, die Befreiung der Gefangenen und als Höhepunkt, daß „er die Toten belebt".

So widerspruchsvoll war der Stand der Dinge, als RaMBáM (gest. 1204), der große und nüchterne Systematiker, die Bühne betrat und mit seinen dreizehn kurzen „Grundsätzen" versuchte, Ordnung in dem Chaos zu schaffen. Als letzten von ihnen proklamiert RaMBáM die Auferstehung, womit alle Zweifel beigelegt sein sollten. Weit gefehlt! In seinem großen programmatischen Opus „Führer der Unschlüssigen" kommt er darauf gar nicht zurück, im Mischná-Kommentar ist Auferstehung für ihn Lohn erlesener Bewährter, wiewohl der Mensch sich im Grab „in seine Bestandteile auflöst", und in seinem Halachá-Kodex *Jad* spricht er nur von der Unsterblichkeit – die leibliche Auferstehung war ihm, dem Arzt, offenbar ein Dorn im Auge. Seines Kritikers R. Avrahám ben Dawíds Reaktion darauf war: „Es wäre besser für ihn gewesen, den Mund zu halten, und nicht das einfache Volk mit der Spiritualisierung des von ihm selbst aufgestellten Prinzips zu verunsichern". RaMBáM antwortete auf solche Angriffe in einem Gutachten, um das ihn die verwirrten Juden Jemens ersuchten. Darin zog er sich aus der Verlegenheit, indem er die Toten auferstehen, aber bald darauf wieder sterben ließ, wenn wir ihn richtig verstehen.

Die strenggläubige Judenheit hält zur Zeit an der Doktrin der leiblichen Auferstehung unbeirrt fest, neuere jüdische traditionstreue Philosophen wie Mendelssohn verlegen den Schwerpunkt des 13. Artikels gern auf die Unsterblichkeit, u.a. weil sie sich fragen, was denn der Zweck einer Auferstehung sein kann, auf die nur ein zweiter Tod folgt. J. H. Hertz, der orthodoxe ehemalige Chief Rabbi des Britischen Imperiums, begnügt sich damit, vor folkloristischen naiven Auffassungen von einem Jenseits zu warnen, das Reformjudentum dagegen sagte sich in seinem Pittsburgher Manifest (1885) vollends von jeglicher Auferstehung los, bemüht sich aber redlich, nicht zugleich auch die Unsterblichkeit der Seele sterben zu lassen.

Zugegeben, die Lage ist konfus und bloß deswegen nicht hoffnungslos, weil RaMBáMs Sätze keine Glaubensartikel sind, kein Jude sich auf sie festzulegen gezwungen ist, um als solcher zu gelten, und das Judentum, wenn es sein muß, auch ohne den Grundsatz der Immortalität seine eigene bewiesen hat und sich ohne das Prinzip einer allgemeinen oder einmaligen Auferstehung seines Gottes und dessen Allmacht sicher ist. Alles steht in seiner Hand, auch die Belebung der Toten, wenn sie – was uns verborgen ist – dereinst sein Wille sein könnte, und sie bleibe bis dahin ihm überlassen. Da halte man sich mittlerweile an den Rat des R. Jehoschúa ben Chananjá: „Wenn jene einmal auferstanden sind, werden wir die Sache erörtern."

THESE

Da es erst Herodes (um die „Zeitwende") war, der eine bisher, d.h. 1500 Jahre lang, x-beliebige Höhle in der Nähe von Hebron zu Avrahams „Doppelhöhle" und damit zur Grabstätte der drei Väter- und Mütterpaare beförderte (Rachel wurde woanders begraben), so ist sie als solche völlig unverbürgt. Ihre Authentizität kann eigentlich sowohl Juden wie Christen einerlei sein und in ihrer Verehrung als Heiligtum einer dritten Religion ignoriert werden. Was diese betrifft, so hatten die Araber vor dem Auftreten des Stifters des Islams niemals von Avrahám auch nur gehört, sich auch nie als Nachkommen eines Abrahamiden namens Jischmaél betrachtet und deswegen bis zu ihrer Invasion ins Land im 7. Jh. von der Existenz einer gewissen Höhle nichts geahnt. So, wie sie im Laufe der Zeit als Muslims die byzantinisch-christliche Basilika auf dem Jerusalemer Tempelberg zu ihrem zweiheitigsten Ort nach Mekka erhoben und die Hagia Sophia in Istanbul zu einer Moschee machten, so verfuhren sie auch mit der Höhle, die seitdem ihr Heilig- und Eigentum ist und zu der sie den Zutritt Andersgläubigen außer in exzeptionellen Fällen prinzipiell versagen. Mit dem Epitheton *heilig* ist das jüdische Brauchtum im Vergleich mit seinen „Cousinen" sehr sparsam umgegangen, speziell betreffs Örtlichkeiten. Wenn „das ganze Erdreich voll seiner Glorie ist" (Jes 6:3), dann ist kein Fußbreit heiliger als der andere. Heilig ist dabei bei den Juden ein flukturierender Begriff, dessen Wachstum oder Abnahme besonders an einem bestimmten Platz nicht von dessen geographischer Länge und Breite abhängen. Wer beispielsweise zum Eingang der Höhle reist, um durch Gebet, Spende, Meditation oder auf andere Weise sich zu seinem Ahn Avrahám zu bekennen und zu bezeugen, daß er die von dessen Ururenkel dem Volk Israel übermittelte Torá ernst nimmt, der fügt der Höhle, ob sie die echte ist oder nicht, Heiligkeit hinzu; fährt er aber dort am Schabbat im Auto mit seiner hochschwangeren Braut vor, die er am Sonntag zu heiraten gedenkt, vermindert er sie.

Solche spitzfindigen Überlegungen sind nicht jedermanns Sache. *Am ha-árez* (= der in religiöser Auslegung Ungebildete) denkt da anders: Wenn Christen und Muslime heilige Stätten haben, dann gebühren den Juden solche erst recht, was zur Folge hat, daß es seit einigen Jahren vor allem in Nordgaliläa von „Heiligtümern" wimmelt. Daß genaue Lokalitäten wie die des Durchgangs durchs Meer, des Berges der Offenbarung und des Grabes Moschés unbekannt sind, hat dem Judentum nicht geschadet, sondern eher genützt, und daß zwei oder drei Grundstücke, die Israel in biblischen Zeiten für bare Münze käuflich erstanden hat, heute nicht im Gebiete des Staates Israel liegen, ist erträglich – er hat ernstere Probleme, darunter das Problem Jerusalems, welchem das der Höhle nicht ähnelt.

Keineswegs sind die in den obigen Zeilen vertretenen Stellungnahmen die offiziellen und unumstößlichen des Judentums. Ganz im Gegenteil: Sicherlich werden die dort zum Ausdruck gekommenen Gedanken auf heftigen Widerstand stoßen. Sie enthalten genügend Sprengstoff, um eine heiße Debatte zu entzünden.

HANDREICHUNG

Dieser Abschnitt dürfte den Lernenden keine großen Schwierigkeiten bereiten, darum kommt es auch wenig darauf an, in welcher Reihenfolge die FRAGEN besprochen werden. Dadurch bietet sich jedoch die Gelegenheit, einmal auf Dinge einzugehen, die bei einem schwereren Stoff unberücksichtigt bleiben – doch aber erst nachdem die Lernenden ihr Pensum inhaltlich und sprachlich bewältigt haben. Beispielsweise sollte ihre Aufmerksamkeit darauf gelenkt werden, daß Kap. 23 völlig den Kriterien entspricht, die gemäß der Literaturtheorie ein klassisch strukturiertes Schauspiel ausmachen, nämlich „den drei Einheiten": die der Zeit (der wirkliche Verkauf kann kaum mehr als eine halbe Stunde beansprucht haben), des Ortes (alles spielt sich am Tore von Chevrón ab) und der Handlung (alle Nebensächlichkeiten und Begleitumstände sind weggelassen). Bemerkenswert ist auch, wie verschiedenartig das wirkliche Begebnis von der Art seiner Schilderung ist. Daß Avrahám gesetzmäßig ein Stück Boden im „Gelobten Lande" erwirbt, d.h. in dem ihm verheißenen, angelobten und angetrauten, ist geschichtlich von ähnlicher Bedeutsamkeit wie im persönlichen Bereich eine Verlobung oder im politischen das Hissen einer Fahne auf bisher fremdem Boden. Das war auch jenem klar, der unseren TEXT als erster niederschrieb, und dennoch läßt er nichts davon verspüren: Er berichtet total objektiv, als ginge es um ein x-beliebiges der zahlreichen Grundstücke, die Avrahám (oder sein Same) in Kenáan vielleicht schon erstanden hatte. Diese Sachlichkeit ist aber bloß eine vermeintliche, denn das Kapitel zeigt auch ganz andere Facetten. Wer will, findet in ihm ein „Altorientalisches Genrebild", ein anderer ein historisches Zeugnis in Bezug auf Bodenkäufe, ein dritter eine mit den sparsamsten Mitteln geschilderte Szene mit zwei Akteuren und einem „Chor", und wieder einer die kunstvolle, bei aller Reserve humorvolle Darstellung, wie der Verkäufer den Käufer gewissenlos und *coram publico* schamlos zu übervorteilen versucht, dieser ihn aber durchschaut und ihn bloßstellt, indem er, ohne mit der Wimper zu zucken oder ein Wort zu verlieren, den horrenden Preis an Ort und Stelle bar bezahlt. Viel Vergnügen beim Studium!

DIE EWIGE SCHANDE
oder
DAS KALB

2.M. 32:1–8   שמות לב, א־ח
Buber-Rosenzweigs Übersetzung

Das Volk sah, daß Mosche zögerte	1	וַיַּרְא הָעָם כִּי־בֹשֵׁשׁ מֹשֶׁה
vom Berg niederzusteigen.		לָרֶדֶת מִן־הָהָר
Das Volk sammelte sich über Aharon,		וַיִּקָּהֵל הָעָם עַל־אַהֲרֹן
sie sprachen zu ihm:		וַיֹּאמְרוּ אֵלָיו
Auf, mach uns Götter, die vor uns hergehen sollen,		קוּם ׀ עֲשֵׂה־לָנוּ אֱלֹהִים אֲשֶׁר יֵלְכוּ לְפָנֵינוּ
denn dieser Mosche, der Mann der uns hinangeholt hat		כִּי־זֶה ׀ מֹשֶׁה הָאִישׁ אֲשֶׁר הֶעֱלָנוּ
aus dem Land Ägypten,		מֵאֶרֶץ מִצְרַיִם
wir wissen nicht, was ihm geschehen ist.		לֹא יָדַעְנוּ מֶה־הָיָה לוֹ:
Aharon sprach zu ihnen:	2	וַיֹּאמֶר אֲלֵהֶם אַהֲרֹן
Zerrt die goldnen Weihringe ab,		פָּרְקוּ נִזְמֵי הַזָּהָב
die in den Ohren eurer Weiber,		אֲשֶׁר בְּאָזְנֵי נְשֵׁיכֶם
eurer Söhne und eurer Töchter sind,		בְּנֵיכֶם וּבְנֹתֵיכֶם
und kommt damit zu mir.		וְהָבִיאוּ אֵלָי:
Alles Volk, sie zerrten die goldnen Weihringe ab,	3	וַיִּתְפָּרְקוּ כָּל־הָעָם אֶת־נִזְמֵי הַזָּהָב
die in ihren Ohren waren,		אֲשֶׁר בְּאָזְנֵיהֶם
und kamen damit zu Aharon.		וַיָּבִיאוּ אֶל־אַהֲרֹן:
Er nahm sie aus ihrer Hand,	4	וַיִּקַּח מִיָּדָם
er bildete es mit dem Griffel,		וַיָּצַר אֹתוֹ בַּחֶרֶט
er machte draus ein Gußkalb.		וַיַּעֲשֵׂהוּ עֵגֶל מַסֵּכָה
Sie sprachen: Dies sind deine Götter, Jifsrael,		וַיֹּאמְרוּ אֵלֶּה אֱלֹהֶיךָ יִשְׂרָאֵל
die dich hinanholten aus dem Land Ägypten.		אֲשֶׁר הֶעֱלוּךָ מֵאֶרֶץ מִצְרָיִם:
Aharon sahs, er baute eine Schlachtstatt davor,	5	וַיַּרְא אַהֲרֹן וַיִּבֶן מִזְבֵּחַ לְפָנָיו
Aharon rief aus, er sprach: Rundreihn IHM ist morgen.		וַיִּקְרָא אַהֲרֹן וַיֹּאמַר חַג לַיהוָה מָחָר:
Morgenden Tags waren sie früh auf,	6	וַיַּשְׁכִּימוּ מִמָּחֳרָת
Darhöhungen höhten sie, Friedmähler trugen sie heran,		וַיַּעֲלוּ עֹלֹת וַיַּגִּשׁוּ שְׁלָמִים
das Volk setzte sich zu essen und zu trinken,		וַיֵּשֶׁב הָעָם לֶאֱכֹל וְשָׁתוֹ
dann standen sie auf, sich zu ergötzen.		וַיָּקֻמוּ לְצַחֵק:
ER redete zu Mosche: Geh, hinab!	7	וַיְדַבֵּר יְהוָה אֶל־מֹשֶׁה לֶךְ־רֵד
denn verdorben hats dein Volk,		כִּי שִׁחֵת עַמְּךָ
das du heraufholtest aus dem Land Ägypten.		אֲשֶׁר הֶעֱלֵיתָ מֵאֶרֶץ מִצְרָיִם:
Rasch sind sie abgefallen vom Weg,	8	סָרוּ מַהֵר מִן־הַדֶּרֶךְ
den ich ihnen gebot,		אֲשֶׁר צִוִּיתִם
ein Gußkalb haben sie sich gemacht,		עָשׂוּ לָהֶם עֵגֶל מַסֵּכָה
haben ihm sich verneigt, haben ihm geschlachtet,		וַיִּשְׁתַּחֲווּ־לוֹ וַיִּזְבְּחוּ־לוֹ
und haben gesprochen:		וַיֹּאמְרוּ
Dies sind deine Götter, Jifsrael,		אֵלֶּה אֱלֹהֶיךָ יִשְׂרָאֵל
die dich heraufholten aus dem Land Ägypten.		אֲשֶׁר הֶעֱלוּךָ מֵאֶרֶץ מִצְרָיִם:

כי תישא Die ewige Schande Ki Tissá

FRAGEN

1. Daß jemand säumte (V. 1), kann nur von dem gesagt werden, der den Termin seiner Rückkehr genau angegeben hat. Hat Mosché das getan?

2. Die Auszügler aus Ägypten nennt die Torá meist Hebräer oder Jissraél, hier aber heißen sie vom (eigentlich) allerersten Wort an (V. 1) bis zum allerletzten (V. 14) neunmal sehr neutral „das Volk", bzw. im Zwiegespräch „dein Volk" (V. 7, 11, 12), je nach dem, wer redet. Soll das etwas bedeuten?

3. Im allgemeinen ist *Elohím* ein Singular, z.B. gleich im ersten Vers der Torá und auch sonst unzählige Male, hier aber dreimal und mit kongruentem Prädikat ein Plural, sogar in der Gottesrede (V. 8). Mosché aber spricht zu J-H-W-H (2x in V. 11), und Aharón baut eine Schlachtstatt für diesen, obzwar auch er die Befreiung den (pluralen) *Elohím* zuschreibt, doch der Erzähler redet am Schluß wieder von J-H-W-H (V. 14). Herrschen in der Torá keine grammatischen Regeln (nach Belieben Ein- oder Mehrzahl) oder steckt hinter dem Wechsel der Namen ein Geheimnis?

4. Das „Volk" sagt, die Elohím hätten sie befreit (V. 4), vorher verdankt es dies dem Mosché (V. 1), Mosché selbst sagt, J-H-W-H sei es gewesen. Alles ist sehr verwirrend.

5. Eines ist sicher: Namen spielen hier eine Rolle. Redet das sonst anonyme „Volk" sich selbst mit Jissraél an (V. 8)? Auf zwei der drei Urväter beruft sich Mosché, obwohl sie wenig mit dem Vorfall zu tun haben, und auf Jaakóv, den dritten, mit dessen seltenem Beinamen. Damit muß es eine Bewandtnis haben, aber welche?

6. Warum sollen nur die Frauen ihren Schmuck hergeben und nicht auch die Männer, die bestimmt damals auch solchen trugen? Wieder einmal sind die Frauen benachteiligt.

7. Aharóns Verhalten ist, milde gesagt, eigenartig: Tut er mit oder nicht?

8. So ein Riesenkalb konnte Aharón im Handumdrehen anfertigen? Da hätte er schon gleich einen kräftigen Stier machen sollen, wie er in Ägypten angebetet wurde.

9. Woher hatten die in Ägypten geknechteten Hebräer soviel Gold?

10. Das „Volk" hat sich auch nicht ausgezeichnet.

11. Worin bestand eigentlich das Vergehen?

12. Wo bleibt die Strafe?

13. Der Vorfall mit dem Kalb ist jedem Schulkind bekannt, u.a. weil die Erzählung so dramatisch ist und leicht verständlich zu sein scheint. In Wirklichkeit ist sie verworren und widersprüchlich, es mangelt ihr an Details, die Charaktere sind unklar gezeichnet, und die Eigennamen wechseln unnötig ab. Die Torá kann doch gut erzählen – warum tut sie es nicht auch hier?

Ki Tissá — Die ewige Schande — כי תישא

LEITBLATT

1. Der Einwand ist logisch. BR haben diese Einzelheit in ihrer Übersetzung übersehen. Genauer lasen die frühen Baaléj-Midrásch, bauten darauf MATERIAL Nr. 1a und 11a und konnten so einige Zweifel, Unklarheiten und Gegensätze beilegen.

2. Die FRAGE beweist ein feines Ohr und ein scharfes Auge. Klar, daß diese Beobachtung etwas zu bedeuten hat. Jissraél ist ein Ehrenname und Adelsprädikat und erscheint hier selten, aber an richtiger Stelle. MATERIAL Nr. 13 lernt daraus, daß der Name vermieden wird, weil mit „Volk" der Haufen mitlaufender ägyptischer Sympathisanten, eine Minorität gemeint ist – vgl. MATERIAL Nr. 7b und 11b – was aber nicht als ein Freispruch von Ganz-Jissraél aufgefaßt werden darf. Mit welchen subtilen, nur für die aufmerksame Leserschaft bestimmten Mitteln der Erzähler arbeitet, zeigt sich daran, wo, wann und von wem er das Wort *Volk* mit einer (und welcher) Possessivendung benutzen läßt (mein, dein, sein).

3. Das Problem ist schon so oft in dieser Serie aufgetaucht, daß es, obwohl es den Eckstein einer Richtung in der Bibelforschung bildet, hier nur kurz gestreift werden kann. Wo in vielen Übersetzungen ganz einfach *Gott* und *Herr* zu finden ist, hat die Torá drei Vokabeln, die sie nicht x-beliebig anwendet: (a) Mit *J-H-W-H* denkt sie an den persönlichen und intimen Gott, den Bundesgenossen Jißraéls, (b) mit *Elohím* (im Singular!) an den Schöpfer, der den Menschen als seinen irdischen, mit Pflichten beauftragten Repräsentanten geschaffen hat (Juden eingeschlossen, aber mit mehr Pflichten betraut und darum strenger beurteilt), und (c) mit *Elohím* (im Plural) an jene übernatürliche Kraft oder Kräfte, die jeder Mensch in wechselndem Maße und verschiedenartig verehrt. Mit diesem höchst oberflächlichen Rezept in der Hand untersuche man, wann und wo in diesem Abschnitt (a), (b) oder (c) vorkommt. MATERIAL Nr. 11b, 12 und 20c mit ihren Anmerkungen können helfen, das „Geheimnis" zu lüften, desgleichen Nr. 20c.

4. Zum großen Teil ist diese FRAGE schon unter FRAGE Nr. 3 beantwortet (speziell durch MATERIAL Nr. 20c). Der Befreier war weder eine zufällig freundlich gestimmte übernatürliche Kraft noch das bloß ausführende Organ Moschés (V. 1), Aharón geht überraschend auf das „Volk" ein (V. 4), gebraucht jedoch Gottes „israelitischen" Namen (warum im Plural? aus Ironie?), nur Moschés wendet sich an J-H-W-H. Scheinbar verwirrend, ist alles an seinem rechten Platz.

5. Hier erfahren wir vom „Verdienst der Väter" als unterstützendes Argument. Als ihren eigentlichen Stammvater betrachten Juden keinen der ersten beiden, sondern den dritten. Moschés benutzt den ehrenvolleren und gottverliehenen Namen (1.M. 32:29 und 35:10). Wie unter FRAGE Nr. 4 gesagt: Alles ist am rechten Platz und „hat seine Bewandtnis", aber man versäume nicht, das bedeutsame Spiel mit den göttlichen und menschlichen Namen zu beachten.

6. Das alte Lied: Die Parole lautet so oft wie möglich *Cherchez le disavantage de la femme* (= „Sucht den Nachteil der Frau!"). Der Suche, diese sowohl innerhalb des Judentums wie außerhalb auftretende Tendenz zu paralysieren, wirken MATERIAL Nr. 1b und 10 auf scharfsinnige Weise entgegen. Von Jugend an stand Mosché übrigens unter liebendem weiblichem Einfluß – vgl. 2.M. Kap. 2. Für ihre Treue wurden die Frauen belohnt: In der Wildnis starben nur die Männer unter den Auszüglern, den Frauen war vergönnt, das Land zu betreten.

7. Aharóns Verhalten ist, besonders für den, der ihn nicht aus anderen Episoden kennt, rätselhaft. Zuerst sei festgestellt, daß der Bericht ihn weder verurteilt noch verteidigt und auf die Diagnose seines Charakters nicht eingeht, weil er – auch das nur sehr selektiv – mitteilt, was jemand tat oder sprach, und nicht, was oder wie er war. Befindet sich eine Gestalt im Zwiespalt, erzählt er nicht von ihr, sondern läßt sie handeln und reden und uns aus halbversteckten Details unsere eigenen Schlüsse ziehen. Der den Tod nicht fürchtende Verfasser von MATERIAL Nr. 16, ungetreu der erwähnten narrativen Technik, rügt, daß Aharón etwas nicht tat, nämlich nicht Martyrium und Tod wählte, wie es angeblich sich geschickt hätte. MATERIAL Nr. 3b rügt Aharón mit mehr Verständnis dafür, daß er sich gefährlich falsch ausdrückte und so den Widersachern ein Argument gegen sein Volk lieferte. Anderseits wird zugestanden, daß er die Entscheidung drei- oder viermal (in MATERIAL Nr. 1c, 5, 8a, 11c und vielleicht 20d) verzögerte. An jedem Jom Kippúr erinnert den Hohenpriester – einen Aharoniden – sein bescheidenes Ornat (MATERIAL Nr. 9) an des Ahnen alte Schuld, und die sonst laute, an dieser Stelle halblaute Torá-Vorlesung (ganz übergehen darf man sie nicht) beläßt diese Schuld alljährlich so gut wie möglich in Halbschweigen (MATERIAL Nr. 3a). Erst in den letzten drei Worten des Kapitels fällt die Torá trotz mildernder Umstände ihr negatives Urteil.

8. Von den Ausmaßen, die ganz nebensächlich sind, wissen wir nichts, nur die Illustratoren der Bibel behaupten, sie zu kennen. MATERIAL Nr. 8 behandelt das angewandte, eher unangebrachte Gerät. Richtig, unter dem ganzem Zoo, der in Ägypten Verehrung genoß, war auch ein Stier, Symbol der Kraft. Die ägyptischen Götter hatten sich eineinhalb Monate zuvor am Schilfmeer als machtlos blamiert – warum dann ein Stier? Die Verfehlung lag woanders – siehe MATERIAL Nr. 14b und 19.

9. Das Gold machte schon den Alten Kopfzerbrechen, den Neueren noch mehr. Jene nahmen Zuflucht zu den Leihgaben oder Geschenken der Ägypter vor dem Abschied (MATERIAL Nr. 20a), Cassuto meint, man sei Karawanen von Händlern in der Wüste begegnet, und dergleichen mehr ist in anderen Büchern zu finden. Es geht auch einfacher. Daß das Tier nicht übergroß war, haben wir schon geklärt, es kann genauso gut (oder schlimmer) ein Miniatur-Kalb gewesen sein, also bedurfte es keines Haufens Gold. Außerdem ist bekanntlich nicht alles Gold, was glänzt, und golden kann auch goldfarben bedeuten. Also ist Gold das letzte, was uns beunruhigt, denn zu allem kommt, daß es gar nicht aus Gold sein konnte und aus Holz sein mußte, weil Mosché es verbrannte, zerrieb und den Feiernden die Asche zu trinken gab.

10. Man erwarte weder Freispruch noch Verurteilung von dem Bericht, denn das ist selten seine Art: Er gibt uns zu wissen, was geschah, und zitiert *verbatim*, den Rest zu ergänzen ist unsere Sache. MATERIAL Nr. 14a sieht in der Prüfung der Fakten unsere Aufgabe (ganz wie es heute jedes Gericht tut) und in der Tatsache, daß die Torá überhaupt den Vorfall erzählt, seinen Wahrheitsbeweis. MATERIAL Nr. 16 tadelt die Berichterstattung, weil sie so viele Lücken offen läßt und zu langsam fortschreitet, für MATERIAL Nr. 17 ist sie wiederum zu „eilig" – man kann es eben niemandem recht machen. Von dem, was sonst dort noch fabuliert wird – Mosché hätte das Kalb errichtet und nicht Aharón, es ginge um Götzendienst – ist besser zu schweigen. Wer das „Volk" war, lehrte schon MATERIAL Nr. 13, nämlich die fremden ägyptischen Sympathisanten, denen es aber nicht schwer fiel, allgemeinen Zulauf zu gewinnen. Daß sein Motiv Götzendienst war, widerlegt gegen MATERIAL Nr. 12 schon V. 1; daß er zu einem Bacchanale sexueller Ausschreitungen wurde, entspringt diesbezüglichen Phantasien, die sich auf das einzige Wörtchen *mechológ* (V. 19) – auf deutsch Reigen – stützen, an dem im allgemeinen gerade Jungfrauen teilgenommen haben sollen. Die Goldgier, die schon die alten Juden ganz wie die jetzigen beseelt haben soll, wäre ein Witz, wenn sie nicht durch die Lektüre des antisemitischen Machwerks *Die Protokolle der Weisen von Zion*, unterstützt von halbgebildeten Autoren in Trivialliteratur, Glauben gefunden hätte: Die Goldgier hat bei jenem Vorfall nicht bestanden, ganz einfach weil kein normaler Mensch vormittags sein Gold freigiebig spendet (V. 3) und nachmittags habgierig um es herumtanzt. Daß die Dinge sich so abgespielt haben, setzt schon MATERIAL Nr. 2 in Verwunderung. All das hier vorgebrachte MATERIAL Nr. 2, 3b, 7a, 12, 13, 14a, 17 bringt nur die vielen Unstimmigkeiten in diesem Abschnitt ans Licht, ist aber kein Versuch, die Schuld Jissraéls herunterzuspielen.

11. Das Vergehen bestand nicht in Festlichkeiten vor einem Rind – eine Maus hätte es nicht vermindert – noch in Götzendienst – er fand nicht statt – sondern in der damaligen und uns bekannten Unfähigkeit, Geistiges greifbar (MATERIAL Nr. 14b) zu veranschaulichen, also in der Überschreitung des zweiten Gebots und nicht des ersten des Dekalogs. Die jüdische Tradition empfindet sie als eine ewige Schande – siehe MATERIAL Nr. 3a, 7a und 9.

12. Den Anbetern eines alttestamentlichen „Gottes der Strafen" fehlt hier die Vergeltung. Die Antwort steht in MATERIAL Nr. 4, 6, 18 und 20b.

13. Sie kann gut, ja sehr gut erzählen, wenn sie will, sie sträubt sich – wenn sie nicht will. Dies geschieht in solchen Fällen, die sie lieber unklar läßt, um z.B. nicht als Vorbild für Wiederholungen zu dienen (vgl. 1.M. Kap. 4): Dann bleibt viel zu fragen, es steht kaum das Minimum geschrieben, und auch dieses ist nur dunkel angedeutet. MATERIAL Nr. 15 ist auch unzufrieden. Es muß in den früheren Bänden schon dutzendmal behauptet worden sein, daß sich die Torá, auch nicht in ihren als naiv bewunderten Geschichten, um von ihrem größerem Teil der Gebote ganz zu schweigen, nicht an eine Leserschaft von Schulkindern wendet, die Karl May vor dem Einschlafen mühelos zu verschlingen gewohnt sind. Hintergründig sind alle ihre Geschichten, auch die „glatten", manche aber sind, wie wir eingestehen, holprig, und diese ist eine von ihnen.

MATERIAL

1. שמות רבה *Schemót Rabbá (u.a.) z.St.:*
(a) „Das Volk sah, daß משה *Moschés* בושש *boschésch* (= zögerte, sich verspätete)": [Lies es als] באו שש *báu schesch* (= es kam die sechs[te Stunde]) und Mosché war [noch] nicht herabgekommen).[1] Bevor er hinangestiegen war, hatte er ישראל *Jissraél* gesagt: Nach 40 Tagen, wenn die sechste [Stunde nach Sonnenaufgang, d.h. Mittag] beginnt, komme ich. Da rotteten sie sich alle zusammen und sprachen: Der kommt nie mehr zurück. אהרון *Aharón* und Chur sagten ihnen: [Da] kommt er! Aber sie hörten nicht auf […] Sofort erhob sich Chur und rügte sie: Hartnäckiges Volk, entsinnt ihr euch nicht der Wunder, die er für euch bewirkt hat? Da standen sie auf und brachten ihn um.[2]
(b) Dann umringten sie אהרון *Aharón* und sagten zu ihm: Wenn du uns אלהים *Elohím* (= Götter, Führerschaft) machst, ist's recht, wenn nicht, tun wir mit dir, wie wir mit Chur taten. Als er dies sah, fürchtete er sich und begann, sie mit Worten abzuspeisen: „Zerrt die Ringe ab, die an den Ohren eurer Weiber sind!" Etwas Schweres forderte er [damit] von ihnen, was Frauen ungern tun. Sie gingen zu ihren Weibern, die widersetzten sich und sprachen: Behüte, daß wir הקדוש ברוך הוא *ha-kadósch barúch hu* (= den Heiligen, gelobt sei er) verraten, der all diese Wunder und Großtaten für uns getan hat, und wir עבודה זרה *avodá sará* (= fremden, d.h. Götzendienst) verüben.[3] Weil die Weiber nicht gehorchten, nahmen [die Männer] sich ihre [eigenen] Ringe ab. Als sie sie brachten, erhob אהרון *Aharón* seine Augen gen Himmel: „‚Zu dir erhebe ich meine Augen, der im Himmel weilt' (Ps 123:1) – du kennst alle [meine] Gedanken: gegen meinen Willen handle ich."[4]
(c) Da schickten sie sich an, mit ihm eine Schlachtstatt zu errichten, aber er sagte zu ihnen: Laßt mich, ich mache sie allein, denn es gereicht [solch einem Werk] nicht zur Ehre, wenn jemand anderer mittut. Er hatte im Sinn: Bis ich es gebaut habe, ist משה *Mosché* herabgekommen.[5] Dann rief er aus: „Ein חג *chag* (= Fest) ist IHM morgen!", [denn] er meinte, die Ausführung ließe sich bis morgen verschieben.[6]

2. יר' שקלים א, א *jer. Schekalím 1, 1:*
Man kann aus dieser אומה *ummá* (= Nation) nicht klug werden: Fordert man von ihr [Spenden] für ein עגל *égel* (= Kalb), so spendet sie, fordert man (2.M. 35:21–29) von ihr für den משכן *mischkán* (= Wüstenheiligtum), so spendet sie [ebenso willig und reichlich].[7]

3. בב' מגילה כה א' *bab. Megillá 25a:*
(a) Der erste Bericht (32:1–20) vom עגל *égel* (=Kalb) wird [wie üblich in der Synagoge laut] vorgelesen und [für die den hebräischen Text nicht verstehenden Anwe-

---

1 Selbstverständlich ist das ein sehr gezwungenes und den einfachen Sinn entstellendes Wortspiel, das jedoch eine Schwierigkeit behebt: Daß sich jemand verspätet, kann nur von dem ausgesagt werden, der den Termin seiner Ankunft mitgeteilt hat. Also hat Mosché vor seinem Abschied eben das getan, und so waren die Stämme demnach durch sein Ausbleiben in berechtigte Sorge geraten. Entstellt dieser Midrásch aber wirklich den Sinn? Man könnte plädieren: Er rückt einiges zurecht und beruht auf der nicht zu widerlegenden, oft aber nicht in Betracht gezogenen Tatsache, daß die Torá nicht wie ein Tonband alles zu notieren braucht, worüber sich eine ihrer Gestalten geäußert hat.
2 Chur stützte gemeinsam mit Aharón des müden Moschés zum Gebet erhobene Arme, während der Kampf mit Amalék tobte (2.M. 17:12), und war demnach einer seiner wenigen Getreuen, so daß man erwarten könnte, er würde im Laufe der kommenden vierzig Jahre mindestens noch einmal erwähnt sein, beispielsweise wenn Mosché in Not war wie in der Episode der Kundschafter (4.M. 13:1ff.), als nur zwei Männer im ganzen Volk zu Mosché hielten. Nach dem Krieg mit Amalek tritt er nur noch ein einziges Mal auf (2.M. 24:14) und nie wieder, während – siehe oben – Gelegenheiten nicht fehlten, denn die Zahl der standhaft zu Mosché haltenden Männer war gering. Jetzt kommt der Midrásch und staunt: Wo war Chur in der jetzigen Stunde der Not? War er gar unter den von Mosché Abgefallenen? Unmöglich! Also bewies er auch jetzt seine Treue, also versuchte er hier einzugreifen und die Irrsinnstat zu verhindern, also bezahlte er seinen Mut mit seinem Leben.
3 Nicht wenige Stellen zeigen, daß besonders Frauen zu Mosché hielten und auch seinem Gott treuer waren als die Männer. Ihr Lohn war, so der ergänzende Midrásch, daß die Frauen der Generation des Auszugs das Land betraten, was den in 4.M. 14:3–4 nach Ägypten zurückzukehren bereiten Männern nicht vergönnt war: Diese starben in der Wildnis. Für ihre Anhänglichkeit, fährt der Midrásch fort, bekamen sie den Rosch Chodesch (= Neumondstag) als „Frauenfest", doch der Brauch ist in Vergessenheit geraten.
4 Der Anachronismus, der darin liegt, daß Aharón einen viel späteren Psalm zitiert, macht den Aggadisten nichts aus: Er wußte so gut wie wir, daß Aharón vom Buch der Psalmen nicht einmal ahnen konnte. Es ist noch nicht lange her, da mokierte man sich darüber, daß den *Baaléj-Midrásch* solche Schnitzer unterlaufen konnten – heute weiß man es besser. Die moderne Literatur, die Malerei und das Kino haben uns belehrt, daß es auch anders geht. Die Expressionsten scheren sich nicht um Perspektive, Filmregisseure lassen unbesorgt Traum und Realität ineinander übergehen. In einem Roman von Frutero & Lucentini erzählt eine bei einem Autounfall augenblicklich tödlich verunglückte Frau, woran sie in ihrer letzten Sekunde dachte. Eine lohnende Aufgabe für die Forschung wäre zu überlegen, ob nicht der Einsteinsche Begriff von der Zeit als ein eindeutiges Kontinuum die Künste beeinflußt hat, so daß ein absurder Midrásch nicht mehr belächelt wird.
5 Das erste von Aharóns Aufschubmanövern.
6 Das zweite Aufschubmanöver.
7 Eine bedeutungsvolle Selbsterkenntnis bzw. Einsicht in den Nationalcharakter der Juden bis heute: Ihre Geschichte ist in Sachen Religion gezeichnet von permanentem und rätselhaftem Wechsel zwischen der Neigung zu exzessiver Treue und zu ostentativer Untreue. Kurios ist, daß die beiden einander gar nicht ausschließen, ja sogar simultan in ein und demselben Individuum herrschen – siehe die ANEKDOTE.

senden ins Aramäische] übersetzt, der zweite (32:21–25) wird vorgelesen, aber nicht übersetzt.⁸

(b) „heraus kam dieses עגל *égel* (= Kalb)" – R. Schimeón ben Eleasár sagte: Ein Mensch sei immer vorsichtig, wenn er etwas beantwortet, denn darauf, wie אהרון *Aharón* sich [vor משה *Moschè*] verantwortete, stützten sich die מינים *minìm* (= Widersacher, Sektierer), [um ihn und Israel herabzusetzen].⁹

4. שמות רבה ח *Schemót Rabbá 8*:

[Weil es heißt (32:34) „Und je am Tage meines Zuordnens werde ich [es] ihnen zuordnen"], sagte Rav Judán im Namen des Rav Aschí: „Du wirst kein דור *dor* (= Geschlecht) [in Zukunft] finden, das nicht eine Unze [von der Strafe] für die עגל-Tat abbekommt".¹⁰

5. ויקרא רבה י, ג *Wajikrá Rabbá 10, 3*:

אהרון *Aharón* sagte [sich]: Wenn sie [die Schlachtstatt] bauen, liegt die Verantwortung auf ihnen, drum ist es besser, sie liege auf mir und nicht auf [ganz] ישראל *Jissraél*.¹¹

6. שיר השירים רבה א, מב *Schir ha-Schirim Rabbá 1, 42*:

Am Tage, an dem Jaroveám [, König des Nordreiches Israel, 500 Jahre später] die beiden Goldkälber aufstellte (1 Kö 12:28ff.), wurden in Rom die [ersten] zwei סוכות *sukkót* (= Hütten) erbaut.¹²

7. תנחומא תישא כ *Tanchumá, Tissá 20*:

(a) Nicht bloß das Kalb machten sie, sondern [auch] Hurerei und Blutvergießen trieben sie.¹³

(b) Es sprach הקדוש ברוך הוא *ha-kadósch barúch hu* (= der Heilige, gelobt sei er) zu משה Moschè: Dein Volk machte [sich] ein עגל *égel*, weil du Gesindel [aus Ägypten] mitnahmst (2.M. 12:38) und meintest, besser sei es, die [sich dem Auszug anschließenden und auf diese Weise] Umkehrenden aufzunehmen [als sie zurückzuweisen]. Ich aber hatte vorausgesehen, was es verursachen wird, und das geschah [am Ssináj] in der Tat, dennoch gestattete ich [sie mitzunehmen], weil es lauter Götzendiener waren [die man zwar nicht missionieren, jedoch auch nicht schroff ablehnen soll]. Und so waren sie es, die verursachten, daß עמי *ammí* (= mein Volk) sich versündigte.¹⁴

---

8 Als ungefähr zwischen dem 3. vor und dem 5. Jh. n.d.ü.Z. Aramäisch die Sprache der Massen geworden war, pflegte man bei der zeremoniellen Torávorlesung den Text Vers für Vers aus dem Hebräischen zu übersetzen, eine Sitte, der wir den *Targúm Onkelós* zu verdanken haben. Einige wenige Stellen – sie zu überspringen kam nie in Frage – sollte man nach obiger Sitte nicht übersetzen, weil sie von ungelehrten Zuhörern mißverstanden werden könnten, unter anderem auch, weil sie Aharóns Nachkommen, die Kohaním, von denen auch heute in der Synagoge fast bei jeder Torávorlesung einige anwesend sind, zu beschämen angetan sind.

9 Aharóns letzte drei Worte klingen, als ob das Gußkalb lebendig von allein herausgesprungen wäre, doch dieses Unverständnis bei feierlicher Lesung laut auszusprechen, wäre zuviel der Schande. Auch gibt es alle Arten von Sektierern, die mit der Torá eklektisch umgehen, sich auf sie berufen, wenn ein Vers ihnen zusagt, und wenn nicht, einen anderen in ihrem Disput gegen die Juden ausspielen. Die Stelle liefert ihnen zweifellos einen Trumpf.

10 Im göttlichen Gericht, so die Schriftliche und die Mündliche Lehre, im Bewußtsein, daß Individuen und Gesamtheit für ihre Taten verantwortlich sind, löscht kein „Gott der Liebe" Verfehlungen mild und *en gros* aus, noch bestraft sie ein „Gott der Rache" streng bis ans Ende aller Zeiten. Auf Israels Verirrung am Fuße des Ssináj hätte es mit Vernichtung rechnen müssen (vgl. V. 10), doch Moschés Fürbitte verhütete das Verhängnis. Sein Argument war: „Tust Du das, vereitelst Du Deinen eigenen Heilsplan", die Antwort lautete: „Sie werden ihre Schuld ratenweise zu begleichen haben", was die Ratio natürlich nicht verkraften kann, obzwar die Geschichte Beispiele liefert. Das Datum der Verirrung ist unanfechtbar: der 40. Tag nach der Offenbarung, also der 17. Tammús. Ebenso unanfechtbar ist, daß just an diesem Datum bei Jerusalems Belagerung durch die Babylonier sechs Jahrhunderte darauf die täglichen Pflichtopfer eingestellt werden mußten und nach weiteren sechs durch die Römer am selben Datum die Stadtmauern gestürmt wurden. Die Tradition weiß von noch anderen Katastrophen zu berichten, die auf in der Torá berichtete ominöse Daten fielen, die allerdings weniger ausreichend belegt sind.

11 Der Midrásch versucht, Aharóns Verhalten als weniger anstößig hinzustellen, als aus dem Text hervorgeht. Der Midrásch übersieht, daß sogar Aharón ein Fest im Sinn hatte, wie der Vers sich verstehen läßt.

12 Ein gutes Beispiel zur Anmerkung Nr. 10. Wann Rom gegründet wurde, ob im Jahre 575 oder schon 753 v.d.ü.Z., interessiert den Midrásch nicht im geringsten. Dagegen vertritt er hier eine ganz unhistorische, aber geschichtsphilosophisch hoch ethische Ansicht. Um 930 v.d.ü.Z. sagten sich unter der Führung des genannten Rebellen die Nordstämme vom Hause Davids los. Um sein Reich vom erst vor kurzem von Salomon erbauten Jerusalemer Heiligtum zu lösen, errichtete er einen „Kälberdienst" mit dem Argument, er könne sich auf eine viel ältere Tradition von Stierkult am Fuße des Ssináj berufen. An diesem Tage begann ein Niedergang, der sich in der römischen Gewaltherrschaft in Erez-Jißraél fortsetzte, die erste der Raten, von denen MATERIAL Nr. 4 spricht. „Alle Schuld, die persönliche wie die nationale, rächt sich auf Erden" ist das Credo der Midrásch-Predigt.

13 Das ergibt sich aus der Tatsache, daß das hebräische Verbum für *ergötzen* (לשחק *lessachék*) einmal (1.M. 26:8) im Kontext ungehörigen sexuellen Verhaltens steht, ein andermal anläßlich von zwölf gleichzeitigen, sinnlosen und mit Tod aller 24 Kämpfer endenden Duellen (2 Sam 2:14) und ein drittes Mal von Jischmaél (1.M. 21:9), der dem Midrásch zufolge seinen Bruder Jizchák zu seinem Götzendienst verleiten wollte. Diese drei Verbote (Hurerei, Mord, Götzendienst) sind nun aber jene, die, anders als die übrigen 613, auch bei Lebensgefahr nicht übertreten werden dürfen. Schamrot entnimmt Tanchumá aus diesem einen Verbum einen dreifachen Frevel. Dabei ist eines zu beachten: Just Götzendienst wirft er Israel hier nicht vor, dafür aber Übertretung des Bilderverbotes.

14 Das neutrale und durch Wiederholung hervorgehobene „*das* Volk" (V. 1, 3, 6, 16, 21, 23, 25, 28, 31, 34) statt „die Gemeinde" o.ä. fällt wirklich auf. Das dagegen in Kap. 32 einmalige und erst wieder nach der Verirrung (V. 20) auftretende „Israelsöhne" gibt guten Sinn. Es war das namenlose „Volk", das für die Verfehlung die Verantwortung trug: Wahre „Israelsöhne" konnten es nicht gewesen sein, folgert der Midrásch aus den zwei unterschiedlichen Bezeichnungen. Wer war aber dieser namenlose „Volkshaufen"? Die ägyptischen Mitläufer, die sich beim Auszug den

8. שמות קצב, זוהר *Sóhar, Schemót 192*:
(a) „Er bildete es mit dem Griffel" – und nicht wie [normalerweise] Leute [ein Gußbild] herstellen, denn er benützte [keinen Meißel, sondern] einen Zirkel oder etwas ähnliches. Somit kommt הכתוב *ha-Katúv* (= das Schriftwort), um zu beweisen, daß er gar keine Skulptur zu bilden beabsichtigte.¹⁵
(b sinngemäß) Es ist die Geschichte von einer Liebe, einer Hochzeit und einer Untreue. Mosché war der Brautführer, und die Tafeln waren die כתובה *ketubbá* [= Ehevertrag].¹⁶

9. יר' יומא ז, ג *jer. Jomá 7,3*:
R. Leví sagte: Warum verrichtet der כהן גדול *kohén gadól* (= Hohe Priester) seinen Dienst am יום כיפור *Jom Kippúr* nicht in Goldgewändern? Weil ein קטיגור *kategór* (= Ankläger) niemals als שניגור *ssanegór* (= Verteidiger) taugt.¹⁷

10. *Kommentar zu Targúm Jonatán z.St.:*
Die Frauen weigerten sich, ihr Geschmeide herzugeben: Das ergibt sich aus „in ihren Ohren" (V. 3), dessen [Possessiv-]Endung sich [grammatisch, da maskulin,] auf Männer bezieht.¹⁸

11. רש"י *RaSCHI z.St.:*
(a) Sie hatten gemeint, jener Tag [seines Hinansteigens] sei mitgezählt, aber er hatte volle Tage gemeint, die aus יום *jom* (= Tag) und לילה *lájla* (= Nacht) bestehen, während der des Hinansteigens ohne seine Nacht nicht [mitgezählt] war [und auf diese Weise der Irrtum unterlief].

Am 7. Ssiván [d.h. am Tage nach der Offenbarung] stieg er hinauf, somit war der 40. Tag der 17. Tammús.¹⁹
(b) „Dies sind deine Götter" – aus „deine" statt „unsere" Götter [entnehmen wir, daß nur] das ägyptische Gesindel sich gegen אהרון *Aharón* zusammenrottete und Israel so verleitete.²⁰
(c) [Erst] „morgen" und [noch] nicht heute: Vielleicht kommt משה *Mosché*, bevor sie es tun.²¹

12. רשב"ם *RaSCHBáM z.St.:*
„Dies sind deine Götter, die dich hinanholten aus Ägypten" – waren sie denn von Sinnen und wußten nicht, daß dieses Kalb [erst] heute entstanden war? Aber alle Götzendiener wissen, daß unser Gott die Welt erschaffen hat, doch irren sie, indem sie vermeinen, ihre Bildnisse reden im רוח הקודש *rúach ha-kódesch* (= Geist der Heiligkeit) wie die נביאים *neviím* (= Propheten).²²

13. ר' אברהם אבן עזרא *R. Avrahám ibn Esrá z.St.:*
Es steht später „Verdorben hat's dein Volk" (V. 7) und nicht „dein ganzes Volk" [...], und siehe, jene, die dem Kalb dienten oder es in ihren Gedanken taten, zählten nur 3000 Männer (V. 28), und das ist die Hälfte eines Zehntels von einem Zehntel des Lagers.²³

14. ר' יהודה הלוי, כוזרי *R. Jehudá ha-Leví, Der Kusari, I, par. 9–97 (gekürzt):*
(a) Der Kusari: Nimm dich in Acht, daß du im Lobe deines Volkes nicht zu weit gehst. Ich habe gehört, daß es sich gerade damals ein Kalb machte und anbetete.
Der Rabbi: Eine leichte Sünde war, was sie taten, die ihnen deswegen umso strenger angerechnet wurde, [wie das arabische Sprichwort sagt:] „Groß ist, dessen Vergehen erzählt [und nicht verschwiegen], gezählt und nicht leichthin übersehen werden".
(b) Der Kusari: Du bist parteiisch, was dein Volk betrifft.
Der Rabbi: Nun, die Völker beteten damals allesamt Bilder an. So warteten denn auch sie darauf, daß Mosché ihnen etwas Göttliches mitbringen würde, das sie [mit eigenen Augen] sehen konnten, wie sie sich ja auch beim Auszug zu der [sichtbaren] Wolkensäule wandten. Er blieb aber aus und hatte nicht einmal Wegzehrung mit sich genommen [und sei – so nahmen sie an – wahrscheinlich auf dem Berge verhungert]. Da bemächtigte sich eines Teiles von ihnen der schlimme Gedanke, einen sinnlichen Gegenstand zur Anbetung zu suchen wie alle

---

Hebräern angeschlossen hatten – siehe 2.M. 12:38 – und die Israel zu dem Kalbskult anstifteten. Daß ägyptische Anhänger sich in die Reihen der Hebräer einschlichen, darf nicht verwundern, waren sie doch genauso, ja wenn nicht sogar mehr, geknechtet als diese. Des neuen Kults Wirksamkeit bewies sich ihnen nach dem Wunder am Meer und dem Wasserfund (2.M. 15:23–25) in Mará. Für Moschés Mandanten hatten sie noch weniger Verständnis als seine Brüder. Nach seiner Intervention heißt Israel wieder „mein Volk" und „Israelsöhne". Es mag nicht überflüssig sein zu betonen, daß die Schrift Pharao zwar feindselig malt, nie aber das ägyptische Volk auf irgendeine Art herabsetzt – ja im Gegenteil: Man schlage nur 5.M. 23:8 auf.

15 Daß Aharón ein unpassendes Gerät benutzte, war sein drittes Aufschubmanöver und beweist, daß er unwillig dem Volke nachgab und hoffte, durch den so verursachten langsamen Fortschritt das Werk nicht vor Moschés Rückkehr zu beenden. Oder ist es ein weiterer Versuch der Schrift, ihn zu exkulpieren? In der Tat ist der Griffel hier anders nicht zu erklären und seine Erwähnung wäre überflüssig, wenn nicht auf diese Weise Aharóns wahre Absicht bei Herstellung der Figur gezeigt werden sollte.

16 Das leicht Erotische in dem Bund findet sich vielfach bei den נביאים (= Propheten) angesprochen, z.B. Jes 62:4–5, Jer 2:2 und Hos 1:21–22. Die Ketubbá ist eine vom Bräutigam der Braut ausgestellte, von ihm unterzeichnete und ihr ausgehändigte Urkunde, in der er sich ihr verpflichtet – ein treffender Vergleich. Der Vorfall war ein Ehezwist, wie er zwischen treuen Gatten zuweilen entsteht.

17 Gold könnte an jenem Tage, an dem Vergebung erhofft wird, an die Schuld erinnern.

18 Siehe Anmerkung Nr. 3.

19 Siehe Anmerkung Nr. 10.

20 So konnte doch nicht Israel zu sich selbst sprechen, sondern nur andere in der zweiten Person zu ihm. Auch dies bezeugt Israels (relative) Unschuld. Siehe MATERIAL Nr. 7b und Anmerkung Nr. 14.

21 Das vierte Aufschubmanöver.

22 Zu RaSCHBáMs Lebzeiten im hohen Mittelalter in Frankreich mußte den Juden die sich vor ihren Augen abspielende Verehrung von Statuen, die Personen darstellten, wie eine Wahnsinnstat dünken. Wie absurd und beschämend erst die eines Tieres durch ihre eigenen Vorfahren!

23 Also ein halbes Promille. Das konnten, so ibn Esrá, nur Ägypter sein, die an der verheißenen Freiheit Anteil haben wollten, und Hebräer, die mit ihnen sympathisierten.

Völker, doch ohne Gott zu verleugnen. Ihr Fehl bestand darin, daß sie sich ein Bild machten: Sie traten nicht aus der Verehrung ihres göttlichen Befreiers heraus, es war jedoch Ungehorsam gegen sein Bilderverbot. Es erging ihnen wie jenem Narren, der in eine Apotheke geriet und mit denselben Arzneien, die Menschen vorher geheilt hatten, sie nunmehr in den Tod zu treiben hoffte. Aharón beging einen Fehler, indem er ihrer ungehorsamen Idee zur Tat verhalf. Uns [Juden und auch dir, o König] kommt sie abscheulich vor, weil heute keine Bildwerke mehr angebetet werden. Hätten sie ein Haus gebaut (und es als Gottes Wohnstätte verehrt), hätte es uns weniger befremdet, weil wir ähnliches tun. Jedenfalls: Das Manna hörte nicht auf zu fallen, die Feuersäule führte sie wie zuvor, anstatt der zerbrochenen Tafeln bekamen sie neue, ihr Tun wurde ihnen also verziehen.[24]

15. דון יצחק אברבנאל *Don Jizchák Avrabanél z.St.:*
Zu diesen Versen ist folgendes [in Auswahl] zu fragen. Wenn sie ihn mittags vergeblich erwarteten, wie fanden sie bis Abend Zeit, sich gegen Aharón zusammenzurotten, Chur zu töten, das Kalb herzustellen und eine Schlachtstatt zu bauen? Warum setzten sie nicht Aharón an Moschés Stelle ein? Hielten sie Mosché für einen Gott, daß sie einen andern an seiner Statt forderten? Wie konnte Aharón Mosché die ganze Wahrheit (V. 23-24) verheimlichen und wie ihn belügen, das Kalb sei von allein entstanden?

16. *H. Holzinger z.St.:*
Die Erzählung geht nur langsam voran [...] Aharón spielt eine zweideutige Rolle: zu Beginn eine führende, dann gibt er einfach nach.[25]

17. *Oesterley-Robinson z.St.:*
Auch in der Stadt Dan gab es einen Stierkult unter König Jerobeam. Es liegt daher nahe anzunehmen, daß unsere Erzählung J-H-W-Hs Anbetung in Form eines Stieres rechtfertigen möchte. Dann wäre der Vorfall am Fuße des Berges Sinai kein Götzendienst, sondern legitim und in dem Bericht über Dan ein Echo von der dahinter verborgenen Theologie enthalten [...] Aarons Worte „so kam ein Kalb heraus" zeugen von dem Glauben, daß der von Moses verkündete neue Gott sich konkret zu offenbaren vermag [...] Auch besteht Grund für die Vermutung, in der ursprünglichen Fassung sei es nicht Aaron gewesen, der das Kalb herstellte, sondern Moses. Über solche Peinlichkeiten geht das Kapitel einfach hinweg.

18. *J. Kaufmann, Toledot 4–5, S.275–6:*
Es wird vielerseits angenommen, daß הסיפור (*ha-sippúr* = die Erzählung) die Sünde des Königs Jarovám (Jerobeam) widerspiegelt, der nach Salomos Regierung Kälberstatuen an zwei Orten seines Reiches aufstellen ließ, und Aarons עגל *égel* von dem in 1 Kö abhängig ist. Obwohl diese Ansicht recht wahrscheinlich klingt, ist es schwer, ihr zuzustimmen. (Kaufmanns mündliche Mitteilung: Die moderne Kritik behauptet u.a. zweierlei: daß nicht Mosché die Niederschrift der Torá zugeschrieben werden darf, sondern einem Anonymus (oder mehreren), der zur Zeit der Könige lebte und ihm zeitgemäß scheinende Änderungen in den ihm vorliegenden alten Überlieferungen ausführte, und daß der zu seiner Zeit existierende Stierkult in Dan und Bet-El für ihn und seinesgleichen als schändlicher Abfall galt. Diese beiden Ansichten widersprechen einander: Wer so sehr den königlichen Stierkult verabscheute wie der Verfasser der Bücher der Könige, wird ihn doch durch einen solchen Kult am Sinai nicht zu legitimieren versuchen, und im Falle, daß er ihn in seinen hypothetischen „alten Quellen" vorfand, ihn eher ausmerzen.)[26]

---

24 Der hochberühmte Dichter und Verfasser des *Kusari* entschuldigt nichts, macht kein ägyptisches „Gesindel" verantwortlich und nimmt auch niemanden in Schutz. Er versucht, die Dinge im Kontext der frühen Geistesgeschichte Israels zu begreifen.
25 Zugegeben: Holzinger ist hier nicht im Zusammenhang zitiert. Dennoch müßte auch er beherzigen, wozu MATERIAL Nr. 3b rät. Die Rolle Aharóns ist überhaupt nicht zweideutig: Er ist unschlüssig, schwankt zwischen „Pflicht und Furcht". Es ist auf jeden Fall bewundernswert, daß die Schrift ihn nicht idealisiert – wie leicht hätte sie es tun können! Seinen Freund Chur hatte der Pöbel soeben vor seinen Augen erschlagen, dasselbe Schicksal erwartet ihn, wenn er sich sträubt. Es hat eben nicht jeder das Zeug zu einem Märtyrer – Holzinger hätte damals eben mutiger gehandelt. Weiter: Aharón spielt nicht zuerst eine „führende" Rolle. Im Gegenteil: er zögert von Beginn an bis zum Schluß. „Einfach" war seine Situation bestimmt nicht, wie eben nichts in den Erzählungen der Torá einfach ist, obzwar manche so einfach wie Grimms Märchen klingen. Ebensowenig können wir dem Urteil Holzingers beipflichten, daß die Schilderung der Dinge zu langsam vorwärts geht. Wäre es literarisch wertvoller, kurz zu schreiben „Er zauderte", anstelle darauf zu vertrauen, ohne das Wort selbst zu gebrauchen, daß, wer das liest, aus der Schilderung von Aharóns Tun den ewigen *Cunctator* (= Zauderer) wieder erkennen würde? MATERIAL Nr. 20 wiederum bedauert die Eile, mit der die Vorgänge berichtet werden – die Torá kann es halt keinem Kritiker recht machen. Tatsächlich überspringt sie vieles oder läßt manches aus guten Gründen ungesagt, denn wenn sie delikate Begebenheiten wie hier mitteilt, kann sie nicht schnell genug über sie hinweggehen. Nicht sie möge schneller erzählen, vielmehr Holzinger langsamer lesen.
26 Die Hypothese, der Kälberdienst in der Königszeit sei dem am Fuß des Ssináj vorausgegangen, ist, was Kaufmann (MATERIAL Nr. 17) zugibt, interessant, nur leider falsch, weil unlogisch. Das Buch der Könige tadelt bis auf vier alle vierzig Herrscher im Süd- und Nordreich, weil ihre politische und religiöse Haltung nicht dem entspricht, was die Torá von ihnen erwartet. Würde gerade ein Schriftwerk, das solch scharfe Kritik an seinen Hauptfiguren übt, für einen der schlimmsten Verstöße gegen die Torá einen Präzedenzfall, auf den sich einer dieser königlichen Übeltäter berufen könnte, in diese interpolieren? Aber unter den Bibelkritikern finden sich immer einige, die sich mit Vorliebe auf jede nur halbwegs in Frage kommende Alternative stürzen, und sei es die unwahrscheinlichste, um aus ihr einen weiteren Beweis für die Uneinheitlichkeit, die Unzuverlässigkeit und das spätmöglichste Datum der Abfassung der Torá zu entnehmen. Zum Abschluß sei erwähnt, daß die Bibelkritik vermeint, mit ihr, d.h. in der Mitte des 19. Jhs., hätte eine neue Epoche der Bibelforschung begonnen. In Wirklichkeit existierten Zweifel an der Einheitlichkeit, an den historischen Angaben und selbst der Verdacht

Ki Tissá — Die ewige Schande — כי תישא

19. *S. R. Hirsch (verkürzt) z.St.*:
Daß der Mensch sich keine Götter machen könne, dürfe, und auch nicht zu machen brauche; daß er nicht durch Verkörperung des Göttlichen diesem sich zu nähern, sondern durch Durchgeistigung und Durchsittlichung des eigenen Wesens unter Gottes Diktat sich selbst ihm nahe zu bringen habe; daß nicht die Gestaltung seines Geschickes, sondern die seiner Tat ihm am Herzen zu liegen habe und der Einklang seines Wandels mit dem göttlichen Willen das einzige sei, wodurch ihm Einfluß auf sein Geschick möglich werde; daß sein freier Gehorsam für menschliches Heil ausreiche und durch nichts ersetzt werden könne – das ist die jüdische Wahrheit, an der aller Wahn heidnischer Subjektivität zu Grunde geht.

20. *Y. T. Radday*:
(a) Die Skulptur wird ein עגל *égel* genannt und nicht ein Stier, vielleicht um sie lächerlich zu machen oder weil sie tatsächlich klein war, was denkbar ist. Sie war aus brennbarem Holz, wie 32:20 bezeugt, wo Moschè ihre Asche den Verantwortlichen zu trinken befahl, damit sie ihren „Aftergott" auf natürliche Weise wieder ausscheiden. Ein paar (falsche?) Edelsteine und im allerbesten Falle vergoldete Ohrringe, die die Auszügler beim Abschied zum Andenken von ihren armen ägyptischen Nachbarn erhalten hatten, mögen das hölzerne Kalb verziert haben. Auch heute nennen wir ohne Bedenken golden und meinen goldähnlich oder goldfarben. Das Gold ist das letzte, was uns an dem Ereignis beunruhigt und in seiner Schilderung rätselhaft ist. Noch erzwungener klingt, ein später „Verfasser" habe die Episode von den Leihgaben erfunden, um im Voraus dem Zweifel zu begegnen, daß die Israeliten am Fuße des Sinais kein Gold hätten haben können. Späte Autoren, wenn es sie gab, wären eher geneigt gewesen, die Kalb-Affäre totzuschweigen und nicht, um das ganz nebensächliche Gold-Detail in ihr zu erklären, auf die Idee zu verfallen, das „Volk" hätte Moschè durch ein Tier substituieren wollen, und zur Ausführung der Idee ihren Vorfahren in Ägypten Veruntreuung der Leihgaben in die Schuhe zu schieben.
(b) Aharón baute die Schlachtstatt vor sich selbst. Den Irrtum verursacht der Mangel an Reflexivpronomina im Hebräischen.
(c) Zum Tanz der von Goldgier besessenen alten Juden: Das Wort מחול *machól* kommt außer in dieser Stelle hier noch 13mal vor, davon dreimal in frommen Psalmen, ansonsten ist es als unschuldiger Reigen der Frauen und Mädchen miteinander zu verstehen. Männer nehmen niemals teil und tanzen einfach nicht. Die Ausgelassenheit einer Mini-Orgie, rundherum um das Kalb, ist eine Ausgeburt der Phantasie der Exegeten, die gern dergleichen in der Bibel fänden, sich aber nie die Mühe machten, in der Konkordanz nachzuschlagen, in welchem Zusammenhang מחול *machól* gebraucht ist. Noch unwissender sind die Herren, wenn es um einen Goldrausch geht. Niemand gerät in einen solchen, wenn er sein Gold oder Gold aus seiner Tasche beisteuert, nur um es danach tanzend wieder zu ergattern – mindestens soviel dürfte auch Bibelforschern bekannt sein.
(d) Mit Bedacht spricht V. 8 von einem Gußkalb, denn die Verfehlung lag in der Herstellung eines Bildwerks überhaupt, das Material ist belanglos. Die Begebenheit war auch kein Abfall vom Gott Israels, nicht einmal von Moschè, denn sie wünschten sich ihn ja zurück. Nicht das erste Gebot des Dekalogs übertraten sie, sondern das zweite, und bewiesen bloß ihre Unfähigkeit, Geistiges zu erfassen.

Die Kritik hat bei aller Schärfe zweierlei nicht bemerkt: daß die Strafe ausblieb und zwar nicht infolge von Hekatomben von Opfern, sondern dank Moschés Fürsprache und seines gezielten Gebetes ohne Ritual.

(e) In der Erzählung vom „Goldenen" Kalb kommen zwei göttliche Namen vor: dort, wo das durch Moschés lange Abwesenheit ratlos gewordene Volk einen Nachfolger für ihn fordert, der Name Elohím, in Aharóns Mund einmal der Name J-H-W-H und danach (außerhalb unseres Textes) ausnahmslos dieser im Zwiegespräch zwischen Gott und Moschè. Dieser Befund müßte genügendes Zeugnis sein, daß die Erzählung zwischen den beiden Namen klar unterscheidet und sie nicht willkürlich wechselt – eine Hypothese, die 1850-1970 in der Bibelwissenschaft vorherrschend war und der zufolge man die Torá fragmentierend multiplen Verfassern zuschrieb. Der Namenswechsel ist bis auf ganz wenige schwierige Stellen relativ einfach zu erklären. Tatsächlich tritt er nach einem konsequent verfolgten Prinzip auf. Der vierbuchstabige שם מפורש *Schem Meforásch* (= der Name, aus Ehrfurcht nie ausgesprochen wie geschrieben) erscheint, wenn von Gottes persönlichem, liebevollem Aspekt gesprochen wird und er angesichts seines Bundes mit Israel zu diesem Volk „intim" spricht, z.B. mit den נביאים *neviím*, den sogenannten Propheten. Nie kann deshalb dieser „Eigenname" im Munde eines „sprechenden" Tieres (1.M. 2:3) auftreten, ebensowenig, wenn Josséf mit Ägyptern redet, die nur ihren oder ihre Elohím haben. Das Wort kann in der Ein- und der Mehrzahl stehen. Im Singular, wie gesagt, wenn auf den gestrengen Weltrichter und -schöpfer angespielt wird, z.B. in 1.M. Kap. 1, oder im Plural im Sinne von Obrigkeit. Dann aber, wenn auch das Prädikat in der Mehrzahl steht, sind die Götter der „Anderen" gemeint. Mein verehrter Lehrer Akiva Ernst Simon ז"ל schreibt, es sei eines der Erziehungsziele der Bibel, die Völker zu belehren, daß nicht ihre Elohím, sondern der Gott Israels Gott und so auch ihr Gott ist, und Israel zu belehren, daß ihr Gott nicht sein nationaler, sondern der Gott aller ist.

---

nachmosaischer Zusätze innerhalb der jüdischen Gelehrtenschulen schon vom 2. bis zum 3. Jh. an, was ohne viele Umstände in M. Soloweitschiks und S. Rubaschoffs epochaler *Geschichte der Bibelkritik* (Teil I: Die Kritik an der Tradition von Esra bis Spinoza) mit Leichtigkeit nachzulesen wäre (Berlin 1925, Verlag Devir), wenn die Verfasser ihr Buch bloß nicht hebräisch geschrieben hätten.

LIMMÚD

Die Abtrünnigen

Da die Neigung natürlich ist, die religiöse oder nationale Gruppe, der man angehört, zu idealisieren, ist es kein Wunder, daß auch Juden ihr freien Lauf lassen, ihre Vergangenheit gern beschönigen und ihre Vorfahren mit Vorliebe als exemplarische Glaubens-, Geistes- und andere Arten von Helden darstellen. Wenn überhaupt eine, so ist es einzig die biblische Epoche, die sich solcher Verherrlichung entzieht, weil ihre Historiographie selbst so unerbittlich Kritik an ihren Gestalten übt, daß es nicht selten eines eher gezwungenen Midráschs bedarf, um sie ein wenig durch Neuinterpretation zu rehabilitieren. Dagegen berufen sich im Zuge der unsere Zeit charakterisierenden Abkehr von Tradition offizielle Vertreter der jüdischen Religion mit umso größerer Vorliebe auf ihre/unsere frommen Vorväter, wie sie ausnahmslos treu blieben. Ein anderes Datum als Beginn dieser Tendenz, die Vergangenheit zu glorifizieren, vermutet David Horowitz, und zwar die Zeit nach der Zerstörung des Zweiten Heiligtums.

Die Urahnin der Abtrünnigen kann man in der schönen Priestertochter Mirjám sehen, die während der Religionsverfolgungen des syrischen Königs Antiochos IV. um 170 v.d.ü.Z. einen griechischen Offizier heiratete, mit ihm das Sanctum Sanctorum betrat und mit ihrer Sandale auf die zerstörte Opferschlachtstatt schlug mit den Worten: „Du Wolf, der Israels Hab und Gut verschlang, es aber in der Not im Stich ließest!" Der Fall ist ausdrücklich in bab. Sukka 56b notiert, ein Grund zu vermuten, daß er eine Ausnahme war.

Ein Einzelfall war auch die *cause célèbre* des Rabbí Elischá ben Avujá, Mentor Rabbí Meír's und Kollege der führenden Tannaím, der, so die Aggadá in bab. Chagigá 15b, mit Homer in der Hand Schulklassen betrat und den Schülern riet, lieber ein Handwerk zu wählen, als Torá zu lernen. Er steht insofern als Prototyp des „Entfremdeten" da, wie man ihn denn auch אחר *achér* (= ein anderer) nannte, als er seine Schritte im Alter bereute – zu spät, wie er bedauerte, ja nie zu spät, wie Rabbí Meír ihn vergebens zu überreden versuchte.

In den zwei Jahrhunderten vor und nach dem Zusammenbruch im Jahre 70 n.d.ü.Z. entstand eine Reihe religiöser Sekten unterschiedlicher politischer Schattierung. Ob jene, die mit den römischen Behörden kollaborierte, und eine andere, die „mit der Zeit ging" und deren junge Männer, wenn sie im Jerusalemer „Gymnasion" nackt Sport trieben, ihre Beschneidung zu kaschieren verstanden, als Abtrünnige gelten, ist Ansichtssache. In der Provinz war man weiterhin naiv-fromm. Speziell auf die Galiläer, bekannt als Ignoranten, sahen die Gelehrten herab, auch speisten sie nicht mit der Landbevölkerung, weil sie den Verdacht hegten, daß diese es mit den Priester- und Speisevorschriften nicht genau nehmen. Flavius Josephus, ein geborener Kohén, General im Krieg gegen die Römer, zu denen er letztlich überging, wanderte nach Rom aus und schrieb dort in elegantem Griechisch seine Bücher über die Juden, ihre Schriften und ihre Kriege. Verräter, Assimilant, Opportunist? Die zwei Frauen, die er nacheinander in Rom heiratete, waren Jüdinnen, wiewohl ihm seine römischen Freunde davon abrieten.

Wie sah es sonst in der Diaspora aus? Von der ägyptischen ist nichts Näheres bekannt, dagegen florierte jüdische Gelehrsamkeit und Frömmigkeit in Mesopotamien, von Juden Babylonien genannt. Über 800 Jahre, d.h. bis ca. ins 10. Jh., bestanden dort berühmte Talmud-Akademien, die für die Erziehung des Nachwuchses sowie für Erwachsenenbildung sorgten: Jeden Herbst und Frühling fand ein ganzer Monat des Studiums statt, der von Wissensdurstigen überlaufen war. Ganz andere Zustände herrschten in den ungefähr 180 mediterranen Gemeinden in der Levante, in Kleinasien, Cypern, Cyrenaica, Griechenland und Italien. Die Mischná war dort noch lange Zeit kaum bekannt, Kommunikation mit Jerusalem nur sporadisch, mit Babylonien dagegen überhaupt nicht vorhanden. Hebräisch war schon längst dem Aramäisch gewichen, dieses dann der vulgärgriechischen Koine. Der tagtägliche Kontakt mit den Verlockungen der hohen hellenistischen Kultur mußte unvermeidlich den jüdischen Charakter dieser Gemeinden verwässern. Aus all diesen Umständen erklärt sich, wieso halb, neo- und unjüdische Predigt gerade in den kleinen jüdischen Zentren im Mittelmeerraum auf so fruchtbaren Boden stieß, daß ihre Mitglieder zum Teil sich zwar immer noch als Juden betrachteten, doch unwissentlich den Boden des Judentums bereits verlassen hatten.

Eine neue Kategorie, diesmal von gänzlich „Entfremdeten", begann mit einem Spanier namens Abnér de Burgos (gest. 1340). Im Judentum bewandert, ließ er sich nach langem Zögern taufen und attackierte es nunmehr in seinen Büchern. Ihn bewog wohl die aussichtslose und ihm göttlich verhängt scheinende Situation der Juden im Gegensatz zu der offenbar gottgewollten Situation der *ecclesia triumphans*. Deren unwiderlegbares Argument des Erfolgs muß im hohen Mittelalter Volk und Gelehrten entsetzliche Gewissensqualen verursacht haben. Einerseits bewiesen Juden im Rheinland zu Tausenden während der Kreuzzüge ihre Treue, indem sie mit Weib und Kind den Selbstmord der Taufe vorzogen – in Worms allein waren es an einem Tag im Mai 1096 über 800 Eltern und Kinder –, andererseits scheint in Spanien mehr als ein Viertel der Judenheit zum Christentum übergetreten zu sein, und sei es auch nur *pro forma*, um der Vertreibung zu entgehen. Das Schicksal dieser Kryptojuden war wohl schlimmer als das der standhaft gebliebenen Vertriebenen und ins Ausland Geflüchteten, denn sie waren es, welche die Inquisition mit Tortur und Scheiterhaufen verfolgte, wenn sie in den Verdacht gerieten, *relapsi* (= Rückfällige) zu sein. Die Öffnung des Inquisitionsarchivs im Vatikan vor kurzem bezeugt diese Tatsache samt dem allerdings begründeten Verdacht.

Indes lassen sich nicht alle Konversionen der Verzweiflung an der Religion der Väter, opportunistischen Erwägungen oder dem Wunsch zu überleben zuschreiben. Persönlichkeiten wie Schelomó ha-Lewí, der 1390 die Taufe empfing und sich fortan Pablo de Santa Maria nannte und es bis zum Erzbischof von Burgos brachte, und sein Gefolgsmann, der jüdisch gebildete Jehoschúa de Lorca, alias Gerónimo de Santa Fé, ein sich durch seine blasphemischen Attacken auszeichnender Anti-Jude, waren keine skrupellosen Überläufer, und derer mußte es Hunderte gegeben haben. Welche Elemente es waren, die ihnen das Christentum so attraktiv machten, läßt sich schwer mit Sicherheit rekonstruieren. Sein Sieg war augenfällig, „sein Joch leichter", seine Lehre sprach im Vergleich mit den intellektuellen Anforderungen des normativen Judentums die Gefühle mehr an, und sein in prächtigen Bauten stattfindender Kult war beeindruckender. Hauptsächlich damit hat das Christentum so lange Juden angezogen, bis in der Zeit von Aufklärung und Emanzipation eine ganz neue Motivation mitzuspielen begann.

Bezeichnenderweise war die Lage der Juden unter islamischer Hoheit mit der soeben geschilderten nicht zu vergleichen. Während die moslemischen Eroberer ganze Länder, z.B. das christliche Ägypten, die Heimat des Mönchtums, „mit der Schärfe des Schwertes" zum Übertritt zwangen, lag ihnen weniger an den Juden. Die Zahl der aus freien Stücken zum Islam Übergetretenen war immer minimal und ist es geblieben. Ein besonders tragischer Fall war der des Enkels des Don Jizchák Avrabanél, den, um ihn nach Portugal zu retten, sein Vater seiner Amme anvertraute, welche ihn dort auf königlichen Befehl zwangstaufen ließ. Freiwilliger handelte der Pseudo-Messias Schabbetáj Zeví, der 1666 Muslim wurde, um dem türkischen Scharfrichter zu entgehen. Aus der Not eine Tugend machend, gelang es ihm, durch eine theologische *volte-face* den Glauben breiter Massen an seine Messianität noch Jahrzehnte danach zu bewahren. Weswegen die Muslemi nicht wie die Christen missionierten, liegt daran, daß sie den Fortbestand des Judentums nicht wie diese als eine permanente narzistische Kränkung empfanden.

Für die knapp fünfzehn Jahrhunderte von der Zerstörung des Zweiten Tempels an bis zum Beginn der Reformation läßt sich also sagen, daß es Myriaden von Abtrünnigen gegeben haben muß, von denen wir nur eine relativ kleine Anzahl namentlich kennen. Das Fazit ist andererseits, daß eine Abkehr vom Judengott als Massenphänomen nicht stattgefunden hat, obzwar dazu Grund vorgelegen haben mag, schwerer Druck in dieser Richtung auf die Juden ausgeübt wurde, sich reichlich Gelegenheit bot und es sich lohnte, sie zu ergreifen.

Vermutlich hat ein Detail des jüdischen Religionsgesetzes Anteil daran, daß Konversionen dem Judentum bis ins 18. Jahrhundert nicht viel anhaben konnten, indem ihm zufolge ein Jude auch nach seinem formalen Übertritt zu einer anderen Religion ein Jude bleibt. Diese Halachá basiert auf dem Schriftwort in 5.M. 29:14, wonach der Bund sowohl für die beim Bundesschluß Anwesenden, wie für die noch Ungeborenen Gültigkeit hat –

ein Religionsphilosoph nannte dies das einzige Mysterium im Judentum. Hiermit ist Abfall von ihm einfach unmöglich, und so steht auch die Rückkehr in seinen Schoß ohne besondere Zeremonien jederzeit offen. Wenn „Renegaten" so nachsichtig wieder akzeptiert wurden, wie sehr erst die zwangsgetauften Flüchtlinge aus Spanien und Portugal nach ihrer Vertreibung von dort (ab 1492), die in den Gemeinden der Türkei, Englands, Hollands und ebenso in Hamburg und Wien freundliches Asyl fanden und sich selbst letztlich dort gewissermaßen wie Adelige verstanden.

Alles in allem gelang es den Juden, den durch Taufe winkenden Vorteilen zu widerstehen, gegenüber Konversionsversuchen generell gefeit zu bleiben und die geglückten unter ihnen unbeschadet zu verkraften, bis die Aufklärung anbrach. Alsbald verlieh ihnen die Französische Revolution eine sich sehr langsam in West- und Mitteleuropa durchsetzende Gleichberechtigung und bürgerliche Emanzipation. Jedoch für diese Verbesserung ihres gesetzlichen Status hatten sie mit einer schweren inneren Krise zu bezahlen, wie sie ihresgleichen in der Vergangenheit noch nie durchgemacht hatten. Auf einmal fanden sie sich gezwungen, auf ihre interne richterliche, d.h. rabbinische Autonomie zu verzichten, und es wurde von ihnen erwartet, sich sprachlich und kulturell an die nichtjüdische Umwelt mit Dankbarkeit anzupassen. Obendrein standen ihre geistigen Führer plötzlich unvorbereitet vor der Aufgabe, religiöse, soziale und philosophische Fragen einer Art zu beantworten, wie sie ihnen und ihren Vorgängern noch nie begegnet war, und Lösungen für Probleme zu finden, von denen sie nicht einmal gehört hatten, wobei ihnen ihre immense jüdische Gelehrsamkeit nicht das geringste nützte. Ein frischer Wind wehte durch die Judengassen, brachte aber lebensgefährliche Erkältungen, ja Lungenentzündung, mit sich. Die gesetzlich verabschiedete Gleichberechtigung setzte sich nur sehr zögernd durch: im Handel und Gewerbe verhältnismäßig leicht, im Bankwesen nicht schwer, im Handwerk unter Widerstand, in der Politik, Armee, Verwaltung und Schwerindustrie überhaupt nicht. Die früher kaum denkbare *ultima ratio* der Taufe war jetzt, u.a. angesichts des beschriebenen Versagens der rabbinischen Autoritäten, des daraus folgenden Mangels an Respekt vor ihnen seitens der jungen Generation und der zunehmenden Verachtung für Religion überhaupt, und vor allem der jüdischen seitens der „fortschrittlichen" unter den Juden selbst, nicht mehr so verwerflich wie einst.

In West- und Mitteleuropa griff die Konversion um sich wie eine Infektion. Um ihr vorläufigen Einhalt zu gebieten, schlug der Berliner Bankier David Friedländer einen „Kompromiß" vor, nämlich eine einstweilen nur prinzipielle Annäherung ans Christentum, fand aber kein Gehör, denn für wen das Judentum nur noch Platz in einem Antiquitätenkabinett hatte oder ein unangenehmes Erbteil war – sein „Joch" war längst abgeschüttelt – dem genügte ein solches Provisorium nicht.

Bei all dem war die Anzahl der vom Christentum überzeugten Juden weiterhin begrenzt. Zu ihnen gehören z.B. die beiden Brüder Ratisbonne aus Straßburg (beide gest. 1884), die christliche Orden gründeten und imposante

Klöster in Jerusalem errichteten, und der Russe Joseph Rabinovitsch (gest. 1899), der eine neue christliche Sekte ins Leben rief. Vor nicht langer Zeit wurde die französische jüdische Philosophin Edith Stein seliggesprochen; nicht weil sie, obwohl übergetreten, in Auschwitz ermordet wurde, sondern weil sie aus Überzeugung Nonne geworden war: Ihr Hilfeschrei an den Papst war vergeblich. Konvertiten unterschiedlicher Motivation waren vier der sechs Kinder und acht der neun Enkel des „noch" frommen Moses Mendelssohn, darunter Schlegels Angebetete und spätere Gattin Dorothea (zuerst Protestantin, dann Katholikin) und ebenso Rahel Levin-Varnhagen (gest. 1833), in deren Salon sich die Berliner gebildete *haute volée* traf – insgesamt hochbegabte Menschen, denen jedoch ihre Herkunft und ehemalige Lebensweise eine unerträgliche Last geworden war, welche sie jedoch mit allen Mitteln nicht gänzlich abzuschütteln vermochten. Zu ihnen gehören Heinrich Heine, Dichter und Kämpfer für deutsche Einheit, Gustav Mahler, der nur um den Preis der Absage an seine Herkunft die Ernennung zum Direktor der Wiener Hofoper erhielt, und Karl Kraus, der aus Verachtung für die jüdische Wiener „Journaille" vorübergehend Katholik wurde. Nur weil sein Vater den 13jährigen Benjamin Disraeli aus Zorn über die Londoner sefardische Gemeinde hatte taufen lassen, konnte er als Lord Beaconsfield britischer Premier und Königin Victorias persönlicher Freund werden; er betrachtete sich selbst jedoch auch weiterhin als Jude.

Am rigorosesten handhabte man den Boykott der Juden an deutschen Universitäten: Professur und Mitgliedschaft an wissenschaftlichen Gesellschaften waren ihnen ohne das diesbezügliche kirchliche Entréebillet prinzipiell versagt. Namen von Wissenschaftlern anzuführen, die das Judentum verließen, um vor allem an deutsche Universitäten berufen zu werden, hat wenig Sinn – ihre Zahl ist allzu groß: In Heidelberg allein soll es mehr als ein Dutzend gegeben haben. Vielen gelang es, ihren Namen zu ändern, ihre Herkunft zu verleugnen, ja sogar gegen Bezahlung beides zu vertuschen. Ein seltenes Gegenbeispiel der standhaften Unbestechlichkeit war demgegenüber der Neukantianer Hermann Cohen.

Eine spezielle Sorte sind jene Abgefallenen, die virulente Judenhasser wurden. Von ihnen spricht, so die Rabbinen, schon Jesajas Verheißung (49:17) „Deine Zertrümmerer [, o Israel,] fahren aus dir weg", womit er sagen wollte „aus dir hinweg", was der Midrásch dagegen als bittere Prophezeiung auslegt: Sie werden „aus dir (selbst) hervorgehen". Woher solche Feindschaft entspringt, ob dem schlechten Gewissen, ob der Rachsucht für ein unerwünschtes Erbe, ob der Überreaktion? Einerlei: Sie ist ein Faktum. Reuchlins wegen seiner Judenfreundschaft fanatischer Widersacher war der ehemalige jüdische Metzger Pfefferkorn, der die Juden im 16. Jahrhundert beim Kaiser der Lästerung des Christentums beschuldigte und die Verbrennung des Talmuds forderte. Der Ex-Jude Paulus Meyer denunzierte 1893 zwei Juden; er habe mit eigenen Augen gesehen, wie sie einen Ritualmord an einem Christenkind verübten, eine Verleumdung, für die er vor Gericht mit einer symbolischen Strafe von 200 Mark davon kam. David Neander plädierte 1850 gegen die Zulassung von Juden an der Berliner Universität, und Daniel Halévy riet 1942 Marschall Pétain, schärfere antijüdische Maßnahmen zu ergreifen, um sich das Wohlwollen der deutschen Besatzung Frankreichs zu sichern. Speziell unrühmliche Erwähnung verdient Zolli, Oberrabbiner in Rom: Als begeisterter Faschist ließ er Amt und Würde (und Gemeinde) beim Einmarsch der deutschen Armee im Stich, tauchte erst im Versteck, danach im Taufbecken unter, nahm nach dem Krieg die Weihen, um dem Gericht zu entgehen, und endete als Verfasser antijüdischer Artikel in der katholischen Provinzpresse.

Religiös motiviertes Verlassen des Judentums scheint zur Zeit nicht zugenommen zu haben. Es ist anzunehmen, daß während der Schoá Juden in Massen den erfolglosen Versuch, durch Taufe dem Tod in Gasöfen zu entgehen, unternahmen oder unternommen hätten, hätte diese Option ihnen offen gestanden. Es steht uns nicht an, ihre Bereitschaft zu verurteilen, ja es findet sich bei RaMBáM ein Passus, der erlaubt, auf diese Weise dem Tode zu entgehen, vorausgesetzt, man verlasse den Ort der Gefahr augenblicklich. Strenge Autoritäten haben nach der Katastrophe entschieden, auch jene, die unfreiwillig das Martyrium erlitten haben, zu den Märtyrern zu zählen.

Seit dem Krieg ist in den Rechtsstaaten die Rechtsunfähigkeit der Juden abgeschafft, wodurch es unnötig geworden ist, sich aus Opportunismus von der Judenheit loszusagen. Obendrein lebt jetzt über ein Drittel in einem Staat von im Gesetz verankerter jüdischen Orientierung – von den dadurch geschaffenen schwierigen neuen Problemen sei hier abgesehen. Da sich aber heute auch das Christentum in mancher Hinsicht in einer Krise befindet und in einigen europäischen Ländern unter Austritt aus seinen Kirchen leidet, wer möchte da noch übertreten? Von dieser Seite droht dem Fortbestand des Judentums keine große Gefahr – es hat in der Gegenwart andere zu bestehen, und Apostasie ist wohl die geringste unter ihnen.

Den Begriff Apostasie haben wir bisher mit Vorbedacht vermieden. Seine Definition im Lexikon ist „Abfall vom Glauben, bzw. Bestreitung einer fundamentalen Glaubensaussage", und damit kann er auf Juden gar nicht zutreffen. Eine einzige solche Aussage, auf welche hin befragt, es sich kurzerhand konstatieren läßt, ob jemand vom Judentum abgefallen ist oder nicht, so wie der Lackmus-Test Säuren von Basen trennt, gibt es nicht. Mehr als das: Einen Juden auf Herz und Nieren zu prüfen mit „Sind Sie gläubig oder Atheist?" ist gegenstandslos, stattdessen (wenn es sein muß) erkundigt man sich „Hält er kóscher?" oder „Fährt er am Schabbát?". Unter solchen Umständen darf der Neugierige in einer Erörterung des Phänomens Apostasie innerhalb der Judenheit auf die Frage „Wieviele Juden sind heutzutage abtrünnig?" keine klare Auskunft erwarten. Hilf- und für einen Juden trostreich ist die Enquête des Jerusalemer Gutmann Instituts für Soziologie bezüglich der Einstellung zu und Einschätzung, bzw. Einhaltung von einer Reihe religiöser Vorschriften. Eine repräsentative Stichprobe von 2400 Israelis in Stadt und Land (außerhalb der

Ki Tissá — Die ewige Schande — כי תישא

Kibbuzím und der West Bank) wurde aufgefordert anzukreuzen, ob sie es mit ihnen streng, weitgehend, oder zum Teil praktizierend, ernst nehmen oder sie „total ignorieren". Als „streng" bezeichneten sich 14%, als „weitgehend" 24%, als „ziemlich praktizierend" 41% und als „total ignorierend" 21%. Daraufhin wurde die zuletzt genannten „total ignorierenden" Informanten – und sie allein! – gefragt: „Wie wichtig ist es für Sie, daß gewisse jüdische Verhaltensweisen Leitprinzip in ihrem Leben sind?" Mit „Sehr wichtig" plus „Wichtig" lauteten die Antworten dieser Gruppe wie folgt:

Am Jom-Kippúr zu fasten	28 %
Die Speisegesetze zu Hause einzuhalten	28 %
Am Jom-Kippúr Bilanz mit sich selbst zu ziehen	25 %
Gott als existent anzunehmen	25 %
Die Festtage gemäß religiöser Tradition zu begehen	21 %
Torá zu studieren	14 %
Die Speisegesetze außer Haus einzuhalten	10 %
Talmud zu studieren	8 %
Schabbát der Tradition nach zu begehen	6 %

Und aus dieser Nation soll einer klug werden?

THESE

1. „Wenn ein Jude zu einer anderen Religion übertritt, z.B. zum Islam, zum Buddhismus oder zum Christentum, dann gibt es zwar einen Muslim, einen Buddhisten oder einen Christen mehr, aber nicht einen Juden weniger."

(A. J. Heschel zugeschrieben)

2. „Ich bin nicht der Ansicht, daß der Säkularisierungsprozeß in der Judenheit der Schlußpunkt ist. Der Säkularismus enthält in sich den Keim religiöser Dynamik. So steht es eben um IHN: Vergessen IHN auch drei Generationen, wird ER in der vierten wieder dasein."

(Gershom Scholem, Interview in *Yediót Acharonót* 22.11.1979)

ANEKDOTEN

I. Der Gottlose

Am Schabbát auf dem Wege aus dem Bet-ha-Kenésset nach Hause traf ein Beter seinen Freund.
– Weswegen warst du heute nicht beim Gottesdienst?
– Das kann ich dir nicht sagen.
– Hast du dich nicht wohl gefühlt? Ist jemand krank in deiner Familie? Oder ist etwas passiert?
Aber trotz allem Drängen erhielt er keine Antwort, bis er das Fragen aufgab. Am nächsten Tage, am Sonntag, traf er seinen Freund wieder, unterhielt sich mit ihm über Politik, Bekannte und andere hochwichtige Dinge, um schließlich an ihn nochmals dieselbe Frage zu stellen:

– Warum hast du gestern im Bet-ha-Kenésset gefehlt?
– Weil ich nicht mehr an Gott glaube.
– Das ist ja furchtbar! Aber sag mir eines: Gestern bin ich eine halbe Stunde in dich gedrungen, doch hast du mir jede Antwort verweigert, und jetzt habe ich dich nur einmal und ganz nebenbei gefragt und sofort hast du mir den schrecklichen Grund verraten, das hättest du mir doch genau so gut gestern sagen können.
– Was fällt dir ein? So etwas kann ich doch nicht am heiligen Schabbát sagen.

II. J. W. Goethe, *Epigrammatisch*

Scharfsinnig habt ihr, wie ihr seid,
Von aller Verehrung uns befreit,
Und wir bekannten überfrei,
Daß die Torá ein Flickwerk sei.
Mög' unser Abfall niemand kränken
Denn Jugend weiß uns zu entzünden,
Daß wir sie lieber als Ganzes denken,
Als Ganzes freudig sie empfinden.

Man staunt: Wußte denn Goethe etwas von der Hypothese der Quellenscheidung, derzufolge die Torá nicht aus einer Hand stammt, wie es die Juden behaupten, sondern daß aufgrund unnötiger Wiederholungen und unerklärlicher Widersprüche anzunehmen ist, an ihr hätten im Laufe der Zeiten einige Autoren verbessert und redigiert?
Nein, er wußte nichts davon, sonst hätte er es im *West-Östlichen Diwan* erwähnt. Goethe hatte Kenntnis von der Homer-Kritik und lehnt sie hier in seinem Gedichtchen ironisch ab. Von ihr hat sich auch die Homer-Forschung, Robert Graves begründet dies beispielsweise, losgesagt:

„Die [gegen die Einheitlichkeit der *Ilias* sprechenden] Argumente wie Wiederholungen und Unvereinbarkeiten [im Text] haben an Stichhaltigkeit eingebüßt … Andere wie z.B. die unterschiedliche Behandlung von religiösen und moralischen Problemen, von Geschichte und Mythologie beweisen nicht zwangsläufig die Hand vielfacher Autoren."
In Goethes Epigramm haben wir gewagt, in Zeile 4 für „Ilias" und in Zeilen 7 und 8 für „ihn", d.h. Homer, wie oben zu substituieren. Ist schon das eine *laesio maiestatis*, wie sehr erst das Zerpflücken der Torá in *disiecta membra*.

HANDREICHUNG

Die Begebenheit vom „Goldenen Kalb" ist aus Elementarschule und Kunst so sehr bekannt, daß sie sich zur Abwechslung noch vor dem Studium des TEXTES zu einem Experiment eignet. Man frage die Studierenden, was sie von dem Begebnis wissen, wessen sie sich seit ihrer Kindheit erinnern, ob sie Bilder oder Illustrationen zu dem Vorfall gesehen haben und welche Assoziationen sie mit ihm verbinden. Es ist fast mit Sicherheit zu erwarten, daß wenig davon mit dem TEXT in Einklang steht, wenn er genau gelesen und geprüft wird, und das scheint uns eine gute Vorbereitung eben dazu zu sein, die Wachsamkeit der Studierenden anzuregen, sie zu selbständigem Urteil zu ermuntern und sie zu gewöhnen, nicht alles vom Podium herab und aus Bibliotheken (die vorliegende Serie inklusive!) kritiklos hinzunehmen. Nach diesem Experiment kann man auf gewohnte Weise dazu übergehen, FRAGEN zu stellen oder die hier schon formulierten aufzuwerfen und sie sodann gemäß den Anweisungen des LEITBLATTES und anhand des MATERIALS zu diskutieren. In Moschés Abwesenheit von der Szene ist Aharón die zentrale Figur, bei welcher anzusetzen möglich wäre, beispielsweise mit „Wie skizziert ihn die Torá, was für eine Rolle spielt er bei dem Vorfall?" oder mit den FRAGEN Nr. 15, 16, 18 und 21. Es sei übrigens darauf hingewiesen, daß nicht jedes Zitat immer nur eine einzige FRAGE beantwortet: Nicht selten bezieht es sich zugleich auf einige. Nebenbei: Da, wie Erfahrung zeigt, Neulinge Anstoß am Opferkult im Mikdásch nehmen, weil „damals" – heißt es – nur er allein ein Vergehen zu sühnen vermochte, bietet sich hier Gelegenheit, diesem bedauerlichen Irrtum mit Nachdruck zu begegnen: Vergebung für das schlimmste Delikt in Israels Geschichte erzielte Gebet in Form eines Plädoyers, nicht eines Opfers.

DAS OPFERDILEMMA

3.M. 1:1–6, 9 ויקרא א, א׳–ו, ט
Buber-Rosenzweigs Übersetzung

Er rief Mosche zu,	1
er redete, ER, zu ihm	
aus dem Zelt der Begegnung, sprechend:	
Rede zu den Söhnen Jißraels, sprich zu ihnen:	2
Ein Mensch, wenn er von euch	
IHM eine Nahung darnaht,	
vom Herdentier: von den Rindern und vom Kleinvieh	
mögt ihr eure Nahung darnahn.	
Ist eine Darhöhung seine Nahung, von den Rindern,	3
ein männliches heiles nahe er es dar,	
an den Einlaß des Zelts der Begegnung nahe er es,	
zu seiner Begnadung, vor IHN.	
Er stemme seine Hand auf den Kopf der Darhöhung,	4
die wird ihm zugnaden geschätzt, über ihm zu bedecken.	
Man metze das junge Rind vor IHM,	5
Aharons Söhne, die Priester, sollen das Blut darnahen:	
sie sollen das Blut ringsum an die Schlachtstatt sprengen,	
die im Einlaß des Zelts der Begegnung ist.	6
Man enthäute die Darhöhung	
und zerstücke sie zu ihren Rumpfstücken,	
der Priester lasse das Ganze emporrauchen	9
auf der Statt,	
Darhöhung ists,	
Feuerspende: Ruch des Geruhens IHM.	

וַיִּקְרָא אֶל־מֹשֶׁה
וַיְדַבֵּר יהוה אֵלָיו
מֵאֹהֶל מוֹעֵד לֵאמֹר:
דַּבֵּר אֶל־בְּנֵי יִשְׂרָאֵל וְאָמַרְתָּ אֲלֵהֶם
אָדָם כִּי־יַקְרִיב מִכֶּם
קָרְבָּן לַיהוה
מִן־הַבְּהֵמָה מִן־הַבָּקָר וּמִן־הַצֹּאן
תַּקְרִיבוּ אֶת־קָרְבַּנְכֶם:
אִם־עֹלָה קָרְבָּנוֹ מִן־הַבָּקָר
זָכָר תָּמִים יַקְרִיבֶנּוּ
אֶל־פֶּתַח אֹהֶל מוֹעֵד יַקְרִיב אֹתוֹ
לִרְצֹנוֹ לִפְנֵי יהוה:
וְסָמַךְ יָדוֹ עַל רֹאשׁ הָעֹלָה
וְנִרְצָה לוֹ לְכַפֵּר עָלָיו:
וְשָׁחַט אֶת־בֶּן הַבָּקָר לִפְנֵי יהוה
וְהִקְרִיבוּ בְּנֵי אַהֲרֹן הַכֹּהֲנִים אֶת־הַדָּם
וְזָרְקוּ אֶת־הַדָּם עַל־הַמִּזְבֵּחַ סָבִיב
אֲשֶׁר־פֶּתַח אֹהֶל מוֹעֵד:
וְהִפְשִׁיט אֶת־הָעֹלָה
וְנִתַּח אֹתָהּ לִנְתָחֶיהָ:
וְהִקְטִיר הַכֹּהֵן אֶת־הַכֹּל
הַמִּזְבֵּחָה
עֹלָה
אִשֵּׁה רֵיחַ־נִיחוֹחַ לַיהוה:

FRAGEN

1. Ein Dilemma, wie es der Titel dieses Abschnittes vorgibt, ist nicht ersichtlich. Ganz einfach: Die Priester haben sich den Opferkult ausgedacht, um von ihm zu profitieren, denn sie ernährten sich ja zum großen Teil von ihm. Das läßt sich doch nicht leugnen, richtig?

2. Man braucht nur ein paar Kapitel weiter zu lesen, um festzustellen, daß kein normaler Mensch sich heute in diesem Wust von prozeduralen und anatomischen Details zurecht finden kann. Konnte das jemals irgendwer?

3. Haben wir irgendwelche Informationen, wie sich das Opferritual im Tempel praktisch abgespielt hat? War alles von Blut überströmt? Brachte einer auf dem Feld erlegtes Wild, ein anderer einen auf der Jagd in Galiläa erschossenen Geier dar? Da muß der Tempelbereich an manchen Tagen wie nach einem Massaker im Zoo ausgesehen haben.

4. Daß im fernen Altertum dem Volk der Opferkult einleuchtete, kann man sich vorstellen. Was ist aber eigentlich sein Ursprung überhaupt und in der Schrift speziell, und seit wann gibt es ihn dort?

5. Fand sich nicht je, und wenn, dann wann zuerst, jemand, dem diese Art von Gottesdienst zuwider war?

6. Ist es möglich, daß heutzutage noch Leute existieren, die bereit wären, jene Greuel wieder einzuführen?

7. Mit der durch den Fall des Zweiten Bet-Mikdásch durch die Römer für immer erzwungenen Einstellung des Opferdienstes muß ein Vakuum entstanden sein und neben der politischen Krise eine religiöse Verzweiflung eingesetzt haben. Wie wurde dieser Zustand bewältigt?

8. Wie verhalten sich die späteren rabbinischen Kodizes und Responsen zum Opferkult?

9. Hat die gegenwärtige Rückkehr der Juden in ihr Land etwas bezüglich der Opfer geändert?

10. Hat niemals jemand vorgeschlagen, wenn nicht die Opfer gänzlich abzuschaffen, so doch wenigstens die Tieropfer?

11. Ist angesichts der Verwirrung und der Kontroversen innerhalb der Judenheit und sogar des Zwiespaltes, der offensichtlich im Talmud, wenn nicht gar schon in der Mischna in Dingen des Opferkults bestand, nicht eine Revision, eine Erleichterung bewirkende Entwicklung der Halachá oder irgendein Kompromiß möglich?

LEITBLATT

1. Diese Behauptung ist leicht widerlegt. Ihr Irrtum ist, daß sie vermutet, alle *kohaním* (= Priester) lebten im Mikdásch (= Heiligtum) und bekleideten ein Amt. Aber die meisten lebten in der Provinz, und nur wenige Vertreter der Region nahmen zweimal jährlich je eine Woche am „Dienst" teil, und davon konnten sie natürlich nicht leben. Sie betrieben ein Handwerk und ernährten sich auch von eher spärlichen Priesterabgaben (wenn überhaupt, denn eingetrieben wurden diese nicht). Zu all diesem siehe LIMMÚD. Von den im Mikdásch verbrannten Opfern bekamen die dortigen Priester oberflächlich gesprochen nichts, von anderen die ihnen zugesagten Fleischstücke, von denen wiederum durfte ein Teil nur im Mikdásch und nur von ihnen selbst verzehrt werden. Da der ganze Stamm Lewi, zu dem auch der erste Priester Aharón gehörte, bei der Verteilung des Bodens landlos blieb, waren sie diskriminiert und nicht privilegiert, auch in anderen Beziehungen. Daß die Kohaním sich solche für sie nachteiligen Gesetze ausdachten, ist unvorstellbar, ganz abgesehen davon, daß diese Idee der jüdischen Tradition diametral widerspricht. Einzelheiten finden sich in MATERIAL Nr. 23c und 25b.

2. Eine Übersicht zu gewinnen über die fast auf die ganze Torá, oft mit leicht differenzierenden Wiederholungen verteilten Vorschriften, die dann mühsam die Mündliche Lehre logisch weginterpretierte, ist keine einfache Aufgabe. Kein Wunder, daß MATERIAL Nr. 15 diesbezüglichen Mangel an Beschlagenheit sogar unter Gebildeten rügt: Ein komplexes Zeremoniell, von dem MATERIAL Nr. 26 eine Idee vermittelt, läßt sich eben nur unzureichend kurz in Worte fassen, Details entgingen der Erinnerung, und ohne genaue Hebräischkenntnis schleichen sich Mißverständnisse der Feinheiten ein, wie MATERIAL Nr. 25f zeigt. In Jerusalem existiert heute eine *jeschivá* (= Hochschule) („*Atéret Kohaním*" = Priesterkrone), wo hauptsächlich jenes Opferritual studiert wird. Im Zusammenhang mit dem soeben erwähnten MATERIAL Nr. 26 sei hinzugefügt, daß dort in der Aufzählung der Opfersorten die Abwesenheit einer Sorte auffällt: siehe MATERIAL Nr. 25d.

3. Den Verlauf eines gewohnten Wochentages beschreibt LIMMÚD; Kategorien von Opfern zählt MATERIAL Nr. 26 auf, Beispiele von unzulässigen Opfern Nr. 9a,b. Letzteres dürfte beweisen, daß die *Asará* (= Hof) keinem exotischen Zoo glich, in dessen Mitte ein riesiger Tisch stand, wo die Opferung vor den Augen einer von Blutrausch ergriffenen Menge vor sich ging. Im äußeren Hof hatten nur 200–300 Männer Platz, die Schlachtung fand in einem inneren Hof statt, zu dem nur Kohaním und Lewiím Zugang hatten. Über das „viele Blut", wie es oft gelehrt und fortschrittlich bedauert wird, spricht u.a. MATERIAL Nr. 25a. Davon, was sich im inneren Hof abspielen konnte, bringt MATERIAL Nr. 3 ein kleines Beispiel.

4. Die Herkunft des Opferns, ein Brauch, den wohl die Mehrzahl der Kulturen und Religionen kennt, interessiert die Bibel überhaupt nicht, weil sie sich nicht als Lehrbuch der Anthropologie oder Religionsgeschichte versteht. Das früheste Beispiel – und just ein Tieropfer – ist jenes, das Hével (Abel) darbringt – mit dem sich der Text aber, wie mit dem des Kájin, gar nicht näher beschäftigt. Wie sich der Opfergedanke entwickelt hat, legen die ersten Zeilen von MATERIAL Nr. 27 vor; was ein Bibel- und Religionsforscher zu sagen (und zurückzuweisen) hat in Bezug auf den Drang des Menschen, der Gottheit zu opfern, steht in MATERIAL Nr. 23a,b,c. Mit der speziellen Bedeutung der israelitischen Opfer, die sich für RaMBáM von fremden unterscheiden, mit der göttlichen Absicht, die sie instituierte, und damit – sozusagen – auch mit ihrem Ursprung setzt sich RaMBáM in MATERIAL Nr. 16a,b,c in einer Weise auseinander, die einen Aufruhr unter Juden seiner Generation entzündete.

5. Ja, solche fanden sich, und zwar schon nicht lange nach Erteilung der Opfervorschriften – vgl. zuerst MATERIAL Nr. 1a–d, was dann MATERIAL Nr. 23d aufnimmt. MATERIAL Nr. 4 meldet von einem Versuch, den Opferdienst in der Diaspora wieder einzuführen, was die geistliche Behörde im Lande verbot, womit sie bekundete, daß sie sich von dem Kult, mag er erlaubt sein oder nicht, entschieden distanzierte. Die kühnste negative Äußerung zum Opfern schon aus dem Munde eines *tanná* (= Midráschlehrer), der vielleicht den Opferdienst noch aus eigener Erfahrung kannte, findet sich in MATERIAL Nr. 8b. In der „aufgeklärten" Neuzeit entstand innerhalb der Judenheit eine aggressive Absage, wie sie MATERIAL Nr. 18, 19 und 21 bekunden, die zu einer sehr ernsten internen Kontroverse führte, die noch nicht beendet ist. Sie ging soweit, daß die Befürworter der Absage Gebet-Passagen aus dem Siddur strichen (vgl. MATERIAL Nr. 20), was seit vielen Jahrhunderten nicht und wahrscheinlich auch vorher noch nie geschehen war. Ein chronologischer Kompaß zu der Reihenfolge dieser Strömungen ist MATERIAL Nr. 27.

6. Der Fragende spürt mit Recht, daß es immer Stimmen gab, die die Erneuerung des Opferkultes sofort oder schnellstens forderten oder seine baldigste Erneuerung erhofften. Das geht aus MATERIAL Nr. 2, 12 und 13 hervor. Mit dem Worte Greuel sollte man vorsichtig umgehen, jedenfalls vorsichtiger, als es Schöngeister mancher Konfessionen tun, die sich nicht scheuen, ein Urteil zu fällen, bevor sie sich ganz genau über die Tatsachen informiert haben, und die die Motive, aus denen Stellungnahmen pro und contra entsprangen, bagatellisieren oder anzweifeln.

7. Der Fall der Hauptstadt war eine politische Katastrophe, die in einer anderen Nation deren Ende bedeutet hätte, über die aber bei aller Trauer diese Nation relativ rasch hinwegkam. Die religiöse Katastrophe war eine bei weitem größere. Man vergleiche beispielsweise (und wie so oft) Rom und Jerusalem: Alle Plünderungen und Verwüstungen Roms durch die Barbaren konnten der christlichen Religion, obwohl ihr Oberhaupt in Rom residierte, nichts anhaben, obwohl sich die Stadt bis nach dem hohen Mittelalter nicht erholte. Nicht so die Eroberung Jerusalems samt der Zerstörung des Heiligtums: Die erstere hinterließ für lange Zeit keine greifbaren Spuren, die zweite schuf ein unvorstellbares Vakuum. Es ist das immense Verdienst der Gelehrtenschulen, einfach genannt „die Weisen", daß es ihnen in Übereinstimmung gelang, eine Brücke zu konzipieren, auf der das Judentum bis zum heutigen Tage die drohenden Abgründe überquerte. Dabei kam ihnen die bereits verbreitete Kritik am Opferkult zu Hilfe. Die Brücke bestand in einer durch originelle Exegese sich ergebenden Vergeistigung des Kultischen. Von den zahlreichen Beispielen sind nur wenige im MATERIAL zitiert: Nr. 5, 6, 7a,b, 8a–e, 10 und 11, aber wiederum auch Nr. 27.

8. Selbstverständlich nicht einheitlich, sind sie doch auch in weniger strittigen und heiklen Dingen nicht einer Meinung. In RaMBáMs zwei Werken, in denen Äußerungen zum Thema vorliegen, bezieht er Positionen, die nicht ganz miteinander übereinstimmen, was seine „Waffenträger", d.h. Kommentatoren, spürten und aus der Welt zu schaffen sich bemühten. Nun stammt jedes der zwei aus einer anderen Periode seines Lebens und wendet sich jeweils an eine andere Leserschaft, was die Differenzen zur Genüge erklärt. In MATERIAL Nr. 14a geht es ihm darum, ob auch ohne Mikdásch an einem anderen Ort in Jerusalem geopfert werden darf, in Nr. 16 in erster Linie um die theologische Rechtfertigung von Opfern überhaupt. Aus der immensen Literatur der *chasál* (= „Unsere Weisen, seligen Angedenkens") zur Sache hier Für- und Gegenargumente anzuführen, wäre sinnlos, denn stünde hier davon ein Dutzend, bliebe der Rest immer noch immens. Eine Kostprobe ist in MATERIAL Nr. 24 nachzulesen. Ein Blick in Nr. 27 ermöglicht vielleicht eine Tendenz zu entdecken: Je älter die Quellen nach dem *churbán* (= Zerstörung), desto größer die Sehnsucht nach der baldigsten Wiederaufnahme, während aber Zweifel an diesem Ziel spätestens in der Neuzeit zusehends zunahmen.

9. Allerdings setzte – und es kann ja auch gar nicht anders sein – eine Polarisierung der Meinungen ein. Israel ist ein Judenstaat, in dem der Gedanke an einen dritten Mikdásch und damit an einen erneuten Opferkult unweigerlich zumindest auftauchen mußte. Gleichzeitig ist Israel ein säkularer demokratischer Rechtsstaat, in dem die Säkularen zur Zeit der Niederschrift dieser Zeilen eine ausschlaggebende Mehrheit sind und, wie es den Anschein hat, auch ein Teil der Getreuen der Torá diesen Ausdruck der Religiosität ehrlich gesprochen nicht wünscht. Das kulturelle Engagement in Israel ist jedoch auf beiden Seiten, ob traditionell oder „fortschrittlich liberal", in solchem Maße intensiv und zugleich gespalten, daß auf diese FRAGE *pro tempore* auch mit Belegen von zitierten Meinungen im MATERIAL wenig gewonnen wäre.

10. Radikal in dieser Hinsicht drücken sich MATERIAL Nr. 18 und 19 aus, die aus der Gründerzeit der Reformbewegung stammen. Nach einige Jahrzehnten andauernden expliziten Neigungen in diese Richtung hat die Reformbewegung ihre Stellung leicht revidiert – vgl. MATERIAL Nr. 20. Der hier enthaltene Vorschlag ist originell, verfehlt aber die Diagnose der Natur des Dilemmas. Immer wieder werden Stimmen laut, die gegen den damaligen Opferkult protestieren und ihn wegen grausamen Mangels an Tierliebe verwerfen. In Wirklichkeit handelt es sich darum, ob der Gott Israels, wie die Bibel sein Wesen predigt, jemals Opfer forderte und befahl, und ob, wenn er es tat, seine Anweisungen unumgänglich in Kraft oder in irgendeiner Weise abänderlich sind, wenn sie einer Generation nicht entsprechen, die ihn als Gott anerkennt, jedoch mit geringerer Ehrfurcht, als seine Torá es tut. Mit einem Omelette auf dem Altar statt einer Lammkeule ist dieser Generation nicht geholfen. Mehr dazu zu sagen übersteigt den Rahmen unseres Studiums und die Kompetenz der Verfasser.

11. Das schon zu FRAGE Nr. 11 Gesagte hat klipp und klar festgestellt, daß Kompromisse ausgeschlossen sind, und zwar nicht aus Mangel an gutem Willen, sondern weil sie zwar ratsam in der Politik, doch prinzipiell nicht in Dingen des Gewissens sind. Hiermit bleiben nur zwei andere Wege offen. Der eine ist im MATERIAL mehrmals vertreten. So verlegt Nr. 14b die Sache ins messianische Zeitalter, Nr. 17 verschiebt sie aus dem Bereich des subjektiven persönlichen Gewissens in die das Gewissen zu nichts Objektivem verpflichtende Wissenschaft, Nr. 22 sagt Interessantes, aber weder Ja noch Nein. Nr. 24 scheint die Ansicht zu favorisieren, man müsse in den Sachverhalt genaue Einsicht nehmen, ihn dann mit Vorsicht abwägen, in jedem Falle Rücksicht auf die Gefühle nehmen, den Sprechern beider Seiten gute Absicht zutrauen, Nachsicht walten lassen und mit Zuversicht abwarten, bis vor Ankunft des Messias Elijáhu ha-Naví die Entscheidung fällen wird. Der zweite Weg ist der traditionell halachische, d.h. die unantastbare Torá unangetastet zu lassen und sie so zu interpretieren, wie es die *chachamím* (= Weisen) taten gemäß ihrem Diktum „Man verhänge kein Verbot über die Gesamtheit, welches die Gesamtheit zu beobachten nicht vermag", was, so glauben wir, auch auf Gebote zutrifft.

MATERIAL

1. *Aus den Büchern der* נביאים *neviím (= Propheten):*
(a) 1 Sam 15:23:
Hat Gefallen ER an Darhöhungen und an Schlachten wie am Hören auf SEINE Stimme? Da, lieber zu Hören denn Schlachten, zu Horchen denn Widderfett. Ja, [wie] Zauberfalsch ist Widerstand, [wie] Nichts und Götzerei [ist] Eigensinn.[1]

(b) Michá 6:6–8:
Womit kann ich vor IHN hintreten ... mich ergeben zeigen? Soll ich mit עוֹלוֹת *olót* (= Brandopfern) vortreten, mit jungen Kälbern? Hat ER Wohlgefallen an Tausenden von Widdern, an Myriaden von Ölbächen? Soll ich meinen Erstgeborenen [IHM] hingeben für meinen Frevel, meines Leibes Frucht als Sühne meines Ichs? – ER hat dir kundgetan, du Mensch, was richtig ist und was ER von dir fordert: Schaffen Recht und Liebe der Milde und bescheiden wandeln vor deinem Gott.[2]

(c) Jesaja 1:12–17:
Was soll mir die Unzahl eurer Schlachtungen / satt habe ich die Widderdarhöhungen / und der dicken Rinder Fett und der Stiere Blut / und Böcke und Lämmer will ich nicht. / Kommt ihr euch sehen zu lassen vor mir / – wer hat euch gebeten, meine Höfe zu zertrampeln? / Bringt [mir] fortan keine eitlen [Mehl-]Hinleiten / Räucherwerk ist mir Abscheu ... / Reinigt euch und säubert euch / schafft weg eure Falschtaten von meinen Augen / hört auf zu schaden / lernt zu bessern / sucht nach Recht / stützt den Unterlegenen / fechtet für Waisen / streitet für Witwen.[3]

(d) Hosea:
(6:6) Ja, ich habe Gefallen an der Liebe und nicht am קרבן *korbán* (= Opfer), und an der Erkenntnis Gottes und nicht an עוֹלָה *olá* (= Darhöhung, Brandopfer, Holocaust).

(14:3) Nehmt eure Worte ... und sprecht Vergib! ... So laßt uns Farren entgelten [mit] unsere[n] Lippe[n].[4]

2. פרקי אבות א, ב *Pirkéj Avót 1,2:*
Schimeón ha-Zaddík (= der Bewährte) sagte: Auf drei Dingen besteht die Welt: auf תורה *Torá* und auf עבודה *avodá* (= [Opfer-]Dienst) und auf Wohltätigkeit.

3. משנה יומא ב, א־ב *Mischná Jomá 2,1–2:*
Anfangs [war es so, daß] jeder, der entaschen (= Asche vom Altar entfernen) wollte, entaschte. Waren es viele, so rannten sie hin und die Rampe hinan, und wer dem anderen vier Ellen voraus war, hatte gewonnen [und entaschte] ... Einmal kamen zwei [kohaním] zugleich [an] und der eine stieß den anderen so, daß er hinunter fiel und ein Bein brach. Als der בית־דין *bet-din* (= Gericht) sah, daß [die כהנים *kohaním*] sich gefährden könnten, setzte er fest, daß man den מזבח *misbéach* (= Altar) [von nun an] nur dem Lose nach entasche.[5]

4. *M. Zevát (mündliche Mitteilung von einem Artikel im Hebrew Union College Annual):*
Es gelang zu den Ohren der Jerusalemer *tannaím* (= Midráschlehrer), daß R. Todros (= Theodoros) einen Opferkult in Rom einführte. Er berief sich dabei darauf, daß vor Errichtung des Salomonischen Tempels in der Provinz zu opfern erlaubt war, weswegen nach der Zerstörung des Zweiten dem Opfern in Rom nichts im Wege stünde. Die *tannaím* verwarnten ihn: „Wenn du nicht [der fromme] Todros wärest, würden wir dich mit dem [sozialen] Bann belegen".[6]

5. תענית כז ב' *bab. Taanít 27b:*
Es sagte [Avrahám]: Herr der Welt, mag es so sein, solange das *bájit* (= Haus, hier Heiligtum) besteht, aber was geschieht, wenn es nicht mehr besteht? Es sagte הקדוש ברוך הוא *ha-kadósch barúch hu* (= der Heilige, gelobt sei er): Ich habe ihnen schon [für diesen Fall] eine Ordnung der Opfer entworfen, die, wenn sie diese lesen, ich ihnen anrechne, als ob sie jene darbrächten.

6. מגילה ג ב' *bab. Megillá 3b:*
Größer ist תלמוד־תורה *talmúd-Torá* (= Torá-Studium) als תמידין *temidín* (= Stets[opfer]) darzubringen.

7. מנחות ק"י א' *bab. Menachot 110a:*
(a) „Allerorten wird meinem Namen Rauchwerk darge-

---

1 Samuel (= Schmuél) selbst ist ohne Zweifel um 1100 v.d.ü.Z. zu datieren. Das nach ihm genannte Buch, dem dieser poetisch parallelistisch gebaute Vers (ein oft verwandtes Stilmittel zur Betonung einer wichtigen Stelle) entstammt, ist im 1. Jh. anzusetzen, d.h. zwei bis drei Generationen nach Mosché. Es drückt zum ersten Male und sehr früh Zweifel am Wert der bloßen Opferhandlungen aus, wenn sie nicht der rechten Gesinnung entspringen. Ihm geht voraus, daß Mosché selbst Vergebung für Israels größte Schandtat, die Kalb-Verirrung, durch mündliche Fürbitte erwirkte und es ihm nicht einfiel, Tausende עוֹלוֹת zu opfern wie Salomon (2 Kö 3:4) zur Besänftigung des göttlichen Zornes.
2 Michá lebte eine Generation vor Jesaja und stammte aus der Nähe des heutigen Flughafens Ben-Gurion. Es ist unerklärlich, wie dieser Provinzler als einer der frühesten Dichter-Propheten solche Poesie schreiben und solche Gedanken hegen konnte.
3 Diese Rede stammt aus den Jahren 740–700. Fälschlich wird dem נביא *naví* (= „Prophet") unterstellt, er hätte die Abschaffung der Opfer gewollt. Das war bei ihm und seinesgleichen niemals der Fall, stand nicht mit ihrer Gesinnung in Einklang noch mit ihrer Kompetenz, wie sie ihren Auftrag selber verstanden.
4 Hosea war außer dem in Judäa beheimateten Amos der einzige unter den נביאם *neviím*, der im Nordreich Israel wirkte.
5 Siehe LIMMUD.
6 Vielleicht wünscht man in Jerusalem die Erneuerung der Opfer gar nicht? Eine talmudische Notiz läßt sich in der Weise deuten, daß es dort Kohaním gab, die in den Priesterabgaben nur Pflicht des Gebers, in ihrem Empfang aber bloße Erlaubnis sahen und darum sich weigerten, sie anzunehmen.

reicht" (Mal 1:11) – das bezieht sich auf die תלמידי־חכמים *talmidéj-chachamím* (= Gelehrte, wörtlich: Schüler der Gelehrten), die sich an jedem Ort [wo auch immer] mit der תורה *Torá* beschäftigen: Denen rechne ich es an, als ob sie Räucherwerk darbrächten.
(b) „Dies ist die תורה *Torá* (= [An-]Weisung) für עולה *olá* (= Darhöhung), für מנחה *minchá* (= Hinleite), für חטאת *chattát* (= Entsündigung) und für אשם *aschám* (= Abschuldung)" (3.M. 7:37) – jeder, der sich mit der Torá beschäftigt, dem rechnet es die Schrift an, als ob er עולה, מנחה, חטאת und אשם darbringe.[7]

8. ברכות *bab. Berachót*:
(a. 32b) R. Eleasár sagte: Größer ist Gebet als קרבנות *korbanót* (= Opfer).
(b. 32b) R. Eleasár sagte: Als der בית־המקדש *bet ha-mikdásch* fiel, fiel eine eiserne Mauer zwischen Israel und seinem Vater droben.
(c. 10b) Jeder, der einen תלמיד־חכם *talmíd-chachám* (= Gelehrter, wörtlich: Schüler eines Gelehrten) in seinem Haus bewirtet und ihm von seinen Gütern Genuß zu haben erlaubt, dem rechnet es die Schrift an, als ob er תמידין *temidín* (= Stets[Opfer]) darbringe.
(d. 15a) Jedem, der sich [zum Verrichten seiner Bedürfnisse abseits] wendet[8] und seine Hände [vor Brotgenuß] rituell wäscht und תפילין *tefillín* anlegt und das שמע *Schmá* (= Höre …!) liest und betet, rechnet es die Schrift an, als ob er einen מזבח *misbéach* (= Schlachtstatt) gebaut und dort ein קרבן *korbán* (= Opfer) dargebracht hätte.
(e. 26a) Ist sein [pflichtgemäßer] Tag vorbei, ist [auch] dessen קרבן *korbán* vorbei.

9. תנחומא *Tanchumá*:
(a. Emór 9) Der Stier wird vom Löwen verfolgt, das Lamm vom Wolf, die Ziege vom Leoparden – es sagte הקדוש ברוך הוא *ha-kadósch barúch hu* (= der Heilige, gelobt sei er): Bringt mir Opfer dar nur von den Verfolgten [, nicht von den Verfolgern].
(b. Emór 10) Ich habe euch nicht bemüht und angewiesen, Berge zu besteigen und euch auf freiem Feld zu ermüden, um mir ein קרבן darzubringen von [Getier], das dir [gar] nicht gehört, sondern [Haustiere wie] Rind, Schaf und Ziege.

10. שמות רבה לח, ד *Schemót Rabbá 38,4*:
ישראל *Jissraél* sprach: Wir haben keine Opfer [mehr], sind arm und können sie uns nicht [mehr] leisten. ER sprach: Worte wünsche ich, so wie es heißt: „Nehmt Worte mit euch […], da wir die Farren mit unsern Lippen zahlen" (Hos 14:3), und es gibt keine [besseren] Worte als דברי־תורה *divréj Torá* (= Tora-Worte).

---

7 Den Vorrang des Studiums leitet der Midrasch von dem nicht unbedingt nötigen Wort *Torá* ab.
8 Darin sieht die Gemará ein Zeichen, nicht zu den „Heiden" zu gehören. Im kaiserlichen Rom trafen Senatoren einander zu freundlichen Gesprächen – wie heute im Café – in einem W.C., das mit im Halbkreis angeordneten Sitzen ausgestattet war.

11. ויקרא רבה *Wajikrá Rabbá*:
(a. 7,2) Wer Umkehr tut, dem wird es angerechnet, als ob er hinauf nach ירושלים *Jeruschalájim* gepilgert wäre und den בית־המקדש *Bet ha-Mikdásch* und den מזבח *misbéach* (= Schlachtstatt) [selbst] gebaut hätte und alle קרבנות *korbanót* (= Opfer) der Pflicht [dort] darbringe.
(b. 9,8) Als ישראל *Jissraél* die פרשיות הקרבנות *paraschijót ha-korbanót* (= Abschnitte von den Opfern) hörten, befiel sie Furcht. Da sprach zu ihnen משה *Mosché*: Habt keine Furcht! Beschäftigt euch mit der תורה, dann braucht ihr euch nicht zu fürchten, so wie es heißt: „Dies ist die תורה *Torá* (= [An-]Weisung) für עולה *olá*." (3.M. 7:37).

12. מדרש תהלים קטז *Midrasch Tehillím 116*:
Um [eures] Verdienstes willen [Beschäftigung mit Torá] und um der *korbanót* willen errette ich euch [wann immer].

13. מדרש תדשא יא *Midrásch Tadsché 11*:
Kein Heil außer [durch] קרבן *korbán*.

14. רמב"ם, יד חזקה *RaMBáM, Jad Chasaká*:
(a. H. Bet ha-Bechirá 6,15) Daher dürfen alle קרבנות *korbanót* dargebracht werden, obzwar הבית *ha-bájit* (= das Haus) dort nicht erbaut ist, darf Hochheiliges verzehrt werden, obzwar die עזרה *asará* (= Tempelhof) in Trümmern liegt und nicht eingezäunt ist, und Heiliges in ganz ירושלים *Jeruschalájim* gegessen werden, obzwar es dort keine Mauern mehr gibt, weil die erste Weihe für ihre Zeit und für alle Zukunft geweiht hat.[9]
(b. H. Melachím 11,1) Der מלך המשיח *mélech ha-maschíach* (= der König Messias) wird erstehen, Davíds Herrschaft wiederherstellen, Vorschriften wieder in Kraft setzen wie dereinst, ebenso wird man [wieder] קרבנות *korbanót* darbringen.

15. רמב"ם, פרוש המשנה *RaMBáM, Kommentar zu Mischná Tamíd*:
Obzwar alles in der Torá und in der Mischná klar dasteht, halte ich es für unumgänglich, darauf in Einzelheiten einzugehen […] Denn es ist Tatsache, daß durch unsere Schuld der Gegenstand der קרבנות in Vergessenheit geraten ist, niemand auf ihn achtet, ihm Interesse widmet, Fragen zu ihm stellt oder über ihn forscht. In dieser Beziehung ist mancher Gelehrte nicht besser als ein Ignorant.

16. רמב"ם, מורה נבוכים *RaMBáM, Moré Nevochím*:
(a. III, 47) [Das ist ihr] Lohn dafür, daß sie die gottesdienstliche Handlung öffentlich vollziehen, nämlich tun, was die Götzendiener verabscheuen. Dies ist der Grund dafür, daß nur diese drei Arten als Opfer erwählt wurden, abgesehen davon, daß sie Haustiere und zahlreich sind, und [wir] nicht wie die Völker Löwen und Wüstentiere

---

9 Der Bestand des Heiligtums ist keine Vorbedingung für die Neuerrichtung des Opferkultes, jedoch nur in Jerusalem, weil dessen ehemalige Weihe fortbesteht, ungeachtet seiner zeitweiligen Zerstörung.

[opfern].¹⁰ Weil aber manche nicht in der Lage waren, ein Haustier zu opfern, [von dem sie lebten,] wurde ihnen erlaubt, auch vom Geflügel darzubringen wie von den im Lande einheimischen Tauben. Wer sich aber nicht einmal dies leisten kann, der kann Brot oder Mehl darbringen und all dies nur, wenn er will. Denn es wird uns nicht zur Last gelegt, wenn wir diese Opfer¹¹ [des Einzelnen] nicht vollziehen, wie es heißt: „Wenn du [ein Opfer] zu geloben unterlässest, wird dir kein Vergehen anhaften" (5.M. 23:23).

(b. III, 32) Nachdem es SEIN Wille war, daß wir tun, was geschrieben steht, warum hat er uns nicht die Fähigkeit verliehen, es auch auszuüben, und was hinderte die Allmacht, uns mit eingeprägter Natur [des Gehorsams und der steten Neigung zum Guten] zu schaffen?¹² Es gibt nur Eine Antwort: Bei all den Wundern in der Veränderung der Natur hat er niemals die Natur des Menschen verändert [und ihm nur eine Lehre verliehen, die ihn befähigt, sich selbst aus eigenen Kräften zu erziehen].¹³

(c. III, 32) Nun war es [zur Zeit der Erteilung der Torá] in der ganzen Welt bekannt, in jenen Tempeln, in denen sie Bilder von Gestirnen u. dgl. [als Idole] errichtet hatten, gewisse Tierarten zu opfern. So hat Gottes Weisheit und seine sich allen Geschöpfen offenbarende sinnreiche Weltordnung es nicht so gefügt, diese Art der Verehrung [ganz und gar] zu untersagen. Das wäre der menschlichen Natur, die stets zum Gewohnten hinneigt, etwas gewesen, das anzunehmen damals niemand in den Sinn gekommen wäre.¹⁴

17. L. Lewysohn, S. 8–15:

Man kann den Gegenstand von vier Gesichtspunkten aus betrachten: der Mystik, der Typik, der Symbolik und der Philosophie ... Die beiden letzten scheinen das Mittel zu gewähren, die Natur der Opfer zu verstehen. Jene sei das Kriterium, diese sei der Leitfaden unserer Behandlung. Chrysostomus (*Comm. ad Gen 4*) und R. Lewí b. Gerschón halten Opfer für das Produkt menschlicher Natur, Eusebius (*Demonst. Ev. I, 10*) behauptet, sie seien von Gott befohlen. Mit Recht bemerkt Winer (*Bibl. Realwörterbuch*, Leipzig 1848), „diese Meinung ist des höchsten Wesens unwürdig". Baehr (*Symbolik d. mos. Cultus*, Heidelberg 1839, II, 3) denkt nicht an göttliche Belehrung, daß und wie man opfern solle, sondern hält den Ursprung [der Opfer] mit dem der Immanation des göttlichen Willens in der menschlichen Natur vereinbar. Die Auffassung der Rabbinen, bes. im *Sóhar* [Hauptwerk kabbalistischer Mystik], ist, das Opfer erfülle die sublunarische Welt mit Duft – eine nichts mehr als subjektive Willkür mystischer Grübelei. Der Vollständigkeit halber erwähnen wir Jehuda ha-Lewis *Kúsari*: Bei den Opfern einen Grund anzugeben sei unmöglich. Allein, es kann niemand verlangen, diese Ansicht zu bekämpfen. Es hieße die Aufgabe der Wissenschaft zu verkennen, wollte man an eine alle Reflexion ausschließende Ansicht den Maßstab der Kritik anlegen.¹⁵

18. D. Philipson, S. 5:

Das rabbinische Judentum lehrt die unveränderliche Gültigkeit der im Pentateuch vorgeschriebenen Zeremonien [...] mit dem Nachdruck auf ihrer Wiedereinführung nach Israels Rückkehr in sein altes Land als eine unter einem Sproß aus dem Hause David lebende Nation. Das Reformjudentum lehnt diese Doktrin ab. Die nationale Existenz der Juden war mit der Zerstörung Jerusalems und des Tempels zu Ende. [...] Palästina ist ein wertvolles Andenken an die Vergangenheit und seitdem sind die Juden loyale Bürger der Länder ihrer weltweiten Zerstreuung: Ihre universale Mission hat damals begonnen und der partikularistische Opferkult ward überholt.

19. *Leopold Stein (zitiert aus: W. G. Plaut, The Rise of Reform, S. 260):*

Die einzige göttliche Quelle unserer religiösen Lebensregeln ist die Heilige Schrift [...] Die mosaischen Gesetze sind klar und verständlich, soweit sie sich noch auf uns beziehen [...] Unser Gebet zum Gott der Wahrheit muß vor allem wahr sein. Kann es als Ehrfurcht vor alter Überlieferung gelten, wenn wir über Verfolgungen klagen, von denen Er uns in Seiner Güte längst erlöst hat?¹⁶ Diese Gebete müssen in allen Synagogen ausgemerzt werden. Das betrifft auch die Bitte um die Wiederher-

---

10 Vgl. MATERIAL Nr. 11a, b.
11 Siehe MATERIAL Nr. 25.
12 D.h. den Willen, die von ihm gewünschte Erkenntnis Gottes und des richtigen Tuns und der Verwerfung der Wahnkulte als Instinkte einzupflanzen.
13 Somit ist der Mensch mit göttlicher Absicht nicht perfekt, doch perfektibel, mit anderen Worten, weder als vollkommener Gerechter programmiert noch passiv und machtlos der göttlichen Gnade, also Gottes Willen, ausgeliefert. Ihm wurden andererseits Mittel und Wege in der Schrift kundgetan, kraft derer er sich selbst und die Welt verbesserte. Diese Mittel wiederum durften keine sein, die ihm unerreichbar sind, sondern nur solche, die auf seine Schwächen eingehen und diese in Betracht ziehen. Implizit enthält dieses Argument das im Judentum grundlegende Prinzip der Willensfreiheit, das niemals, auch nicht in Eden, aufgehoben ward.
14 Wegen dieses Passus tobte im 13. Jh. um die Schriften dieses „Lichtes des Ostens und Leuchte des Westens" ein heißer Kampf zwischen den jüdischen Philosophen südlich der Pyrenäen und den frommen Juden nördlich von ihnen. Wer RaMBaMs Äußerungen zum Thema Opfer aufmerksam liest, einige aus seinen anderen Werken liegen oben vor, wird entdecken, daß er dort die Schwerpunkte verlegt. Die Hintergründe seiner Inkonsequenz, ob leicht oder gewichtig, lassen sich erraten, es würde aber zu weit führen, sie hier darzulegen.
15 Das Zitat stammt aus der Dissertation Lewysohns, der als erster Jude 1841 in Halle promovierte und, nach kurzer Zeit als Prediger in Worms, schließlich als Oberrabbiner nach Stockholm berufen wurde. Es trägt wenig zu unserem Thema bei und ist hier nur aus drei Gründen vorgelegt: als Zeitdokument in Stil und Orthographie, als Beispiel, wie um zu promovieren der Doktorand auch bei einem „alttestamentlichen" Thema jüdische Quellen am besten überging, dafür aber seine Beschlagenheit in den nichtjüdischen zu demonstrieren hatte, und aus Pietät, weil er ein Vorfahre der Familie des Verfassers ist.
16 Der Verfasser ist glücklich zu preisen, beizeiten in Frieden entschlafen zu sein.

stellung des Opferkultes. Die Propheten wetterten oft gegen ihn in feurigen Worten, Maimonides hat über jeden Zweifel bewiesen, daß er ursprünglich nur als ein Bollwerk gegen Götzendienst zugelassen war und dem Gebet nachstehe. Wie kann man da noch für seine Wiedereinführung in messianischen Zeiten beten, für einen Rückschritt der Religiosität, wenn Gott uns und allen Menschen verheißen hat, zu einer immer höheren geistigen Vollkommenheit zu gelangen?

20. *Aus* תפלת מוסף *Tefillát Mussáf (= Zusatzgebet) für Schabbát:*

22. *H. Loewe, S. 643, zu C. G. Montefiore, S. 15 (sinngemäß):*

Unsere Bestürzung [wegen der Opfer] stammt von der Tatsache, daß es damals keine Steaks im Metzgerladen zu kaufen gab, der uns heutzutage nicht abstoßender anmutet als ein Buchladen; daß es aber auch Schlachthöfe gibt, ignorieren wir bequemerweise. Wann die ersten Metzgerläden errichtet wurden, weiß ich nicht, aber Bäcker gab es sogar in Rom erst um 170 v.d.ü.Z. Wie es in dieser Hinsicht in Palästina stand, entnehmen wir den ausgedehnten Schlachtvorschriften der Mischná (z.B. in *chullín*), die unangebracht wären, hätte man nicht in jedem Haushalt privat geschlachtet. Fleischgenuß in

Traditionell	United Synagogues of America
Du gebotest uns, das Mussáfopfer darzubringen nach Gebühr.	
Möge es Dein Wille sein, uns voller Freude hinaufzuführen zurück in unser Land,	
Dort werden wir Dir darbringen	wo unsere Vorväter darbrachten
die Opfer unserer Pflichten,	
die Stetsopfer ordnungs- und die Zusatzopfer vorschriftsgemäß,	
Wie Du geschrieben hast	wie es geschrieben steht
in Deiner Torá durch Moses, Deinen	
Knecht.	inspirierten Diener[17].

21. *C. G. Montefiore, S. 15:*
Die Rabbinen [= hier: Tannaím] trauerten über den Fall des Heiligtums. Manche von ihnen hatten es noch unversehrt gesehen, waren noch beim Opferkult dabei gewesen und, so unbegreiflich es für uns ist, empfanden keinen Abscheu, sondern nur Freude an all dem Blut und am Abschlachten der Ziegen, Schafe und Stiere.

Israel scheint folgende Entwicklung durchgemacht zu haben: Die Torá spricht bis 1.M. Kap. 9 lediglich von vegetarischer Nahrung und von da an gestattet sie jedermann Fleischverzehr, jedoch erst nach kultischem Opfern. Nach der Landnahme und nachdem die lokalen Altäre allmählich ausgemerzt waren und der Opferkult sich in Jerusalem allein konzentrierte, durfte zwar in der Provinz geschlachtet und das Fleisch ohne zu opfern verzehrt, Opfer jedoch nur in Jerusalem dargebracht werden.

Ein Familienvater, der selbst zu Hause schlachtet, reagiert nicht wie wir auf den Anblick von Blut im Tempel, und während wir kultische Zwecke pekuniär mit einem Scheck unterstützen, spendete er u.a. von seinem *pecus* (lat. Vieh, vgl. engl. *fee* = Gebühr). Daß wir über ein Banksystem verfügen, ist kein Grund, uns selbstzufrieden auf die Schulter zu klopfen, und statt der Vorschriften eines nicht gerade ästhetischen Opferkults sollten wir uns lieber jene zahllosen anderen vor Augen halten, die humanes Schlachten zur uralten Pflicht machen. Ob Opfer Ausdruck echter religiöser Gesinnung waren (und sind), ist fraglich, jedoch nicht fraglicher als die Motive hinter einer großzügigen Spende für Werbung zu Gunsten der Abstinenz von Alkohol aus der Tasche eines Bierbrauereibesitzers. Wie können wir aber beibehalten, den Opferkult in unseren Gebeten nostalgisch zu erwähnen und um seine Wiederherstellung flehen? Seine Erwähnung ist

---

17 Hinter den scheinbar kleinlichen Abweichungen der „Reform" verbirgt sich eine hitzige Diskussion. Die Reformbewegung konnte dem Wortlaut der alten Tradition in drei Punkten nicht zustimmen:
   (a) Als Ergebnis der politischen Emanzipation der Juden in weiten Teilen Europas widerstrebte ihr der Wunsch der „Einsammlung der Verstreuten" in Palästina, dessen Erwähnung sie strich; erst als sie durch die Schoáh eines besseren belehrt war, revidierte sie ihre Entscheidung.
   (b) Den Opferkult hielt sie für unwürdig, grausam und sowieso obsolet.
   (c) Die Torá konnte nicht unmittelbar aus göttlicher Hand stammen und Mosché nicht in unmittelbarem Kontakt mit Gott als dessen „Knecht", d.h. beauftragter Sprecher, gestanden haben, so daß auch die geringste Korrektur des Torá-Textes einem Sakrileg gleichkäme, sondern – auch das schon ein Kompromiß – daß er höchstens inspiriert war – und ein bloß inspirierter Text ist nicht sakrosankt.

jedenfalls von immensem historischen Wert, verbindet mit der Vergangenheit und erteilt eine Lektion in Fortschritt, auch betreffen die Gebete bloß die messianische Ära. Änderung ihres Wortlauts hieße erbarmungsloser Bruch mit unserer Überlieferung. Wir brauchen nicht ein vereinfachtes Gebetbuch, das keine intellektuelle Anforderungen stellt, sondern eines, das, obzwar althergebracht, immer noch geschätzt ist, das man verstehen will und studieren muß.

23. R. de Vaux, S. 447ff. (gekürzt):
(a) Waren die Opfer ein Geschenk für eine böswillige Gottheit?
Diese Theorie hat besonders brutal der Orientalist und Religionshistoriker Renan ausgedrückt, (sinngemäß): Der primitive Mensch glaubte, die ihn umgebenden unbekannten Kräfte beschwichtigen zu können, indem er ihnen etwas schenkt. Aus dieser erschreckenden Absurdität war die Religion der Patriarchen nicht imstande sich zu emanzipieren, und erst die Propheten versuchten, allerdings erfolglos, gegen diesen Irrtum zu protestieren … Ob eine so materialistische Erklärung für irgendein und noch so „primitives" Volk zutrifft, ist zweifelhaft, dagegen ist sicher, daß nicht ein einziger Bibeltext sie bestätigt. Weniger extrem ist die Ansicht, im Opfer liege der Glaube an *do ut des* (= ich gebe, auf daß du gebest). Doch der biblische Gott ist der Herr aller Dinge und braucht darum nichts von Menschenhand, denn er kann sich alles nehmen.
(b) Ist das Opfer eine magische Union mit der Gottheit?
Dieser Theorie liegt Totemismus zugrunde: Die Angehörigen eines Stammes sind mit dem Stammesgott verwandt, der ihr Ahnherr war und dessen Seele im Totemtier weiterlebt. Durch den Genuß seines Fleisches erlangt man Anteil an dem Leben jenes Gottes. Diese Theorie ist einfach nirgends belegt, so daß Totemismus nicht mehr in Mode ist: Die tradierte Nachricht, antike arabische Stämme hätten solche Sitten praktiziert, ist aus der Luft gegriffen. Nun behauptet eine andere Version, nicht der Verzehr, sondern das Schlachten des Tieres und Vergießen seines Blutes hätte bewirkt, das Leben des Betreffenden in Kontakt mit seiner Gottheit zu bringen, weil im Blut das Lebensprinzip lag, weswegen er seine Hände auf den Kopf des Opfertieres stemmte. Diese Handlung symbolisierte jedoch in Israel lediglich, daß es sein Eigentum war.
(c) War das Opfer ein Mahl, an dem die Gottheit teilnahm?
Einige Forscher sehen im Opfer eine für die Gottheit zubereitete und darum nicht nur aus Fleisch bestehende, sondern auch mit dessen gewöhnlichen Zutaten wie Salz, Kuchen und Wein versehene aufgetischte Mahlzeit. Obwohl in 3.M. die Opfer in metaphorischem Sinn aufgefaßt sind, haftet ihnen dennoch die ehemalige anthropomorphe Idee an. Die alten kanaanitischen Epen von Ras Schamra beschreiben den Hunger der Götter, und in der babylonischen Flutsage „rochen sie den lieblichen Geruch und sammelten sich wie Fliegen um den Spender". Nun heißt es zwar auch zuerst in 1.M. 8:21 und später oft, daß ER „röche den Ruch des Geruhens", […] so daß auf volkstümlichem Niveau die israelitischen Opfer als Speisung Gottes verstanden wurden. Fremde Einflüsse sind nicht ausgeschlossen, aber viele Stellen, z.B. Ri 6:18ff. und 13:15ff., Ps 50:12–13 und 5.M. 32:38 sprechen dagegen, so daß Israels Opferkult als Nahrung Gottes zur Genüge widerlegt ist.
(d) Die Propheten verdammten den Opferkult nicht, wie es bei gewissen Theologen zu lesen ist. Es stimmt, daß sie den Opferkult an nicht wenigen Stellen heftig angriffen, doch daraus den Schluß zu ziehen, sie seien für seine Abschaffung gewesen, ist unbegründet. Niemand liest „Betet ihr auch eine Menge, ich höre nicht mehr" (Jes 1:15) als einen Aufruf zur Abschaffung des Gebets […]. Aber sie verwarfen den Formalismus der Opfer, ihre Äußerlichkeit, die mit der inneren Disposition nicht übereinstimmte, die falschen Ideen, die mit ihnen verbunden waren, und die heidnischen Praktiken, die sich in den Kult eingeschlichen hatten.

24. B. Jacobson, S. 141:
Am Vorabend des Erwachens [der jüdischen Nation] im 19. Jh., als am Horizont die Gedanken der Auto-Emanzipation und Regeneration auftauchten, erhoben diese das Problem der möglichen Wiederherstellung des Opferdienstes in Jerusalem von einem akademischen Thema auf die Ebene einer aktuellen Diskussion der kompetentesten unter den religiösen Autoritäten. Für Rabbi Zeví Hirsch Kalischer wurde es zum Ausgangspunkt seiner zionistischen Tätigkeit. Er beriet sich mit seinen Zeitgenossen über die Frage, ob der Opferdienst an der Stätte des Tempels möglich wäre noch vor der Ankunft eines Messias. Antworten auf seine Anfragen erhielt er von solchen Leuchten wie R. Akivá Eger und R. Mosché Schreiber. Kalischer definierte die Faktoren, die vom Standpunkt der Halachá die Wiedereinführung der Opfer verhindern, folgendermaßen: Es mangelt uns allen zusammen genügende Kenntnis für die Erbauung des Altars; wir befinden uns im Zustand ritueller Unreinheit, dem ohne die in 4.M. Kap. 19 vorgeschriebene Zeremonie nicht abgeholfen werden kann, die wiederum nur nach der Restauration des Heiligtums stattfinden kann; und diejenigen unter uns, die ihre priesterliche Abstammung von Aharón ableiten und die allein den Dienst zu vollziehen befugt wären, sind angesichts ihrer im Laufe der Zeiten und infolge der Vertreibungen ihnen abhanden gekommenen Stammbäume nur präsumptive Kohaním. Er faßt zusammen: „Die Einsammlung der Verstreuten geht allem voran, dann werden wir – und sei es in Abwesenheit eines Propheten – Opfer darbringen, darauf wird der Prophet Elijáhu erscheinen, die Ankunft des Messias verkünden und die Erlösung Israels vollenden."

25. Y. T. Radday: *Randglossen zum Thema Opfer:*
(a) Die Auseinandersetzung mit den Vorschriften des Buches Wajikrá (und auch anderswo) bezüglich der Opfer zieht sich wie ein roter Faden durch die jüdische Geistesgeschichte und ist noch längst nicht beendet. Sie spiegelt sich ab in jeder Generation, allerdings in verschiedener Vehemenz und sehr unterschiedlicher Kenntnis der Zentralität des Problems und der zu ihm ge-

äußerten Ansichten aus den Reihen der am nächsten Betroffenen, d.h. der jüdischen Quellen. Von jedem, der sich mehr als oberflächlich mit dem Judentum beschäftigt, ist zu erwarten, daß er sich Einblick in diese Materie erwirbt. Allein zu übersehen, daß das Wort Opfer sie mißversteht, verursacht schon irrige Folgerungen, noch größere Gefahr droht durch stereotypes Vergleichen mit anderen Kulturen. Das hebräische Wort für Opfer ist nicht als ein freiwilliger Verzicht aufzufassen, sondern mit „Nahung" zu übersetzen, im Prinzip darf jeder, nicht nur ein Priester, „wagen zu versuchen sich zu nahen". Das Dargebrachte muß sein Eigentum sein, und ist es ein Tier, so soll es sühnen. Es ist eine *conditio sine qua non*, daß er mit gleichzeitiger Handaufstemmung auf dessen Kopf bekenne, weswegen er das Opfer bringt. Blut spielt keine Rolle, außer daß ein paar Tropfen, eventuell eine volle Schale, versprengt werden. Schon diese Bemerkungen dürften genügen, um den biblischen Opferkult definitiv z.B. vom griechischen und germanischen zu trennen, geschweige denn vom noch barbarischeren.

(b) Die Vorstellung, die *kohaním* würden sich von den Opfern ernähren, ist absurd – einige Details zur Widerlegung: Nur in Jerusalem darf geopfert werden, *kohaním* lebten jedoch zerstreut im ganzen Land und waren, da land- und darum eher mittellos, auf die ihnen gebührenden begrenzten Abgaben angewiesen. Die Pflicht der Abgaben wurde außerdem, wie eben die menschliche Natur ist, nicht immer vom Landwirt erfüllt.

(c) Zu der oft aufgeworfenen Frage nach dem Ursprung eines Opferkults überhaupt hat die Bibel nichts zu sagen. Das erste Tieropfer brachte der allgemein als erstes Opfer eines Mörders bekannte und bemitleidete Hével (Abel) dar. Kájin ging ihm mit einem vegetarischen Opfer voraus. Beide handelten intuitiv und ohne göttlichen Auftrag.

(d) Es kann nicht genug unterstrichen werden, daß die Bibel Menschenopfer untersagt. So sehr verabscheut die Torá diesen Kult, daß sie nicht nur sein Verbot nach seiner ersten Erwähnung an der zentralsten Stelle (buchstäblich: in 3.M. 18:21, d.h. in ihrer genauen Mitte) wiederholt, sondern auch in Menschenopfern einen der zwei Gründe sieht, derentwegen die Kenaaniter der Siedlung im Lande verlustig gingen. Als Götterdienst schlachteten die Azteken einen Menschen pro Tag, Agamemnon schlachtete nur darum seine Tochter nicht, weil Artemis sie ihm vom Altar hinwegstahl, in Malta wählte sich die Königin einen Prinzgemahl pro Jahr, den sie nach Ablauf seiner Amtsperiode öffentlich umbringen ließ, auf daß ihr Reich blühe. Die Schrift meldet in 2 Kö 3:27, daß Meschá, König von Moab, anläßlich der Belagerung seiner Hauptstadt seinen Sohn auf ihrem Wall vor aller Augen zu töten befahl, um seinen Gott Kemósch zu bewegen, ihn aus Feindeshand zu erretten. Entgegen dem Wort der Torá hat es wahrscheinlich auch in Israel Menschen-, besonders Kinderopfer gegeben, ansonsten hätten die *neviím* (= Propheten) nicht vor ihnen gewarnt.[18] Die Bibel nennt eindeutig nur Chiél, der, um ein Omen abzuwenden, bei der Grundsteinlegung eines Baues seinen ältesten Sohn und bei der Vollendung seinen jüngsten opferte (1 Kö 16:34). Zweideutig ist der Fall von Jiftachs Tochter (Ri Kap. 11): Vielleicht liegt hier eine absichtliche Verschleierung vor.[19] Die Gemará nennt ihren Vater, einen der Kriegshelden, einen Narr: Wie konnte er glauben, einem Gelübde Folge leisten zu müssen, wenn damit die Übertretung eines Tora-Gebotes verbunden ist? In diesem Zusammenhang sei die Akedá (1.M. Kap. 22) nicht vergessen. Die jüdische Einstellung zu ihr ist der Stoff des Wochenabschnittes Wajerá in unserem Band 2. Die Ansicht, daß „damals" ein Sohnesopfer „noch nicht" anstößig war und/oder hier eine Polemik gegen diese Sitte vorliegt, stammt u.a. daher, daß sich dieser oder jener Bibelforscher mit dem frühen Zeitpunkt der biblischen Ablehnung des Brauches nicht abfinden konnte.

(e) Der erfolgreiche Versuch der *tannaím*, mit dem plötzlichen Fehlen des „Dienstes" fertig zu werden, ist nur durch die damals schon ein Jahrtausend alte allmähliche Abkehr vom Opferkult zu erklären. Es gelang den *tannaím*, das Ritual durch seine Verbalisierung im Studium zu intellektualisieren und durch Gebet zu sublimieren. Als fast gleichzeitig mit seinem Abbruch eine Strömung entstand, die erhoffte, durch den gottgewollten grausamen Opfertod eines Unschuldigen würde der ganzen Menschheit Heil erwachsen, standen die zeitgenössischen Juden, speziell ihre geistigen Führer, diesem für sie rückschrittlichen Gedanken verständnislos gegenüber.

(f) Die BR-Übersetzung geht auf den Geist des Hebräischen ein, wie er in dessen Vokabeln zum Ausdruck kommt, jedoch auf Kosten ihrer Verständlichkeit. BR benötigen und prägen für ihre eigenen Zwecke neue Wörter.

Zwei Beispiele:

קרבן *korbán* (= Opfer), bei BR „Nahung", weil der Wortstamm ק־ר־ב „nahen" bedeutet, was lehrt, daß nicht „dargebracht" wird, sondern im *korbán* sozusagen das Wagnis eines Annäherungsversuches liegt.

עולה *olá* (= total hoch im Feuer aufgehend), bei BR „Darhöhung", weil der Wortstamm ע־ל־ה „emporsteigen" bedeutet.

(g) Restaurierung des „Dienstes" ist in Israel heute und seit Beginn der jüdischen Kolonisation eine *no-option*. Herzl, der vom Judentum fast nichts wußte, glaubte an einen Dritten Tempel, weil er dessen zwei Vorgänger für überdimensionale Synagogen hielt. Den auf deren Ort stehenden moslemischen „Felsendom" kann, darf und will die große Majorität nicht einreißen – es wäre ein *casus belli* für die ganze Welt. Auch wäre ein Dritter Mikdásch ein Verstoß gegen die Halachá, weil (1) die einstigen Bauspezifikationen verpflichtend, aber unbekannt sind; (2) die heutigen Kohaním nur präsumptiv solche sind, denn ihre Stammbäume sind verloren gegangen; (3) die Bedingung der vorgeschriebenen rituellen Reinheit unerfüllbar ist. Eine winzige Minorität bereitet sich dennoch durch Studium auf die Wiedererbauung vor.

---

18 Vgl. MATERIAL Nr. 1b.

19 Luther bemerkt, daß manche wünschen, die Tat sei nicht geschehen. Daß sie tatsächlich nie geschah, vermutet J. Spiegel (*Sefer Jair*, Haifa 1973).

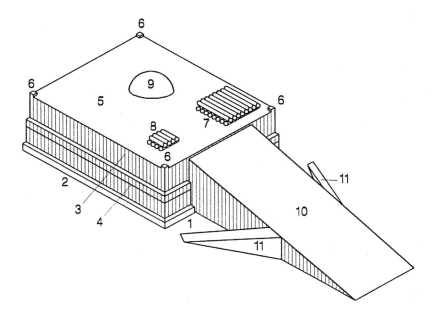

1 Das Östliche Fundament
2 Das Südliche Fundament
3 Die Ringmauer
4 Der „Rote Streifen"
5 Das Plateau
6 Die vier Ecken
7 Die große Holzschichtung
8 Die zweite (kleine) Holzschichtung
9 Der „Apfel" (= Aschenhügel)
10 Die Rampe
11 Die Nebenrampen

Rekonstruktion des Mischkán (S. D. Steinberg, Verlag Torat Chajjím, Tel Aviv 1995)

26. *Ausgewählte Einteilungen von Opfern:*

Was?   Belebtes (חי):   Vieh (בהמה):   Kalb (עגל): 8 Tage bis 1 Jahr alt
Stier (פר, שור):1 bis 3 Jahre alt
Kleinvieh:
     Schaf (כבש): Lamm, 8 Tage bis 2 Jahre alt
     Widder (שעהר): 8 Tage bis 1 Jahr alt
     Ziege (עז): 8 Tage bis 1 Jahr alt
     Bock (איל): 1 bis 2 Jahre alt

Vögel (עוף): Jungtauben (יונה)

Unbelebtes (דומם): Getreide (תבואה): Weizenmehl (חיטה)
Gerstenmehl (שעורה)

Obst (פירות): Olivenöl (שמן־זית)
Traubenwein (יין־ענבים)

Grad?   Hochheiliges (קודש קודשים)
Heiliges (קודשים)
Motiv?   Pflicht (חובה)
Spende (נדבה)
Deckung der Kosten?   Öffentlichkeit (ציבור)
eine Person (יחיד)

27. *Vermutliche Chronologie des Tieropferkultes:*
1) In 1.M. Kap. 1 ist nur vegetarische Nahrung gestattet.
2) In 1.M. Kap. 4 bringt Kájin das erste und zwar vegetarische Opfer dar, nach ihm Hével (Abel) Erstlinge des Viehs, beide aus eigener Initiative.
3) 1.M. Kap. 9 erlaubt Fleischgenuß, bedingt durch vorausgehendes nicht weiter spezifiziertes Opfer, so wie es Nóach dort tut.
4) Von der Errichtung des *mischkán* in der Wildnis an versehen die Erstgeborenen den „Dienst".
5) 3.M. Kap. 8: Aharón wird als Priester bestallt, seinen Nachkommen ist diese Würde vorbehalten, schlachten

aber durfte jedermann und wo immer unter Beachtung der Opferabgaben an die *kohaním*.

6) Nach der Errichtung des *bájit rischón* in Jerusalem unter Salomon versahen *kohaním* dort den „Dienst", im übrigen war Fleischgenuß in der Provinz ohne Opfer erlaubt, und die vorgeschriebenen Abgaben wurden an die dort ansässigen Kohaním abgeliefert.

7) Seit dem *churbán* des Zweiten Mikdáschs bis jetzt darf Fleisch von jedermann und überall ohne Opferung verzehrt werden. Bezeichnender Weise geht, anders als bei vegetarischer Nahrung, dem Fleischgenuß keine *berachá* (= Segensspruch) voraus.

8) Kritik am Opferkult begann schon 100 Jahre nach der Landnahme und nahm in der Königszeit seitens der *neviím* (= Propheten) zu, solange (und weil) er nicht von der rechten Gesinnung und dem lauten Bekenntnis einer Schuld gegenüber Gott begleitet war, gelegentlich sogar seitens der *kohaním* im Mikdásch.

9) Nach Abbruch des Kults um 70 n.d.ü.Z. deklarierten die geistigen Führer: Das Lesen und Lernen der Opfergebote sowie Gebet und Umkehr gelten als Opfern.

10) RaMBáM erklärt den Opferkult, weil ihn der Schöpfer nicht braucht, als eine Konzession seinerseits an die Juden, damit sie nicht die einzigen seien, die keinen pflegen, setzt ihm aber enge Grenzen, eine Meinung, die auf stürmische Ablehnung in zahlreichen Ländern stieß.

11) Die Reformbewegung verwirft den Opferkult ganz und gar und streicht auch seine bloße Erwähnung im Gebet.

12) Heutzutage erwägt sowohl in der *golá* (= Exil) wie in Israel nur eine verschwindend kleine Gruppe die Wiederaufnahme des Opferkultes, während die Majorität ihn aus ideellen, politischen, aber auch aus religiösen Gründen ablehnt, letzteres, weil dieser Schritt sich erst in messianischen Zeiten ereignen darf.

LIMMÚD

Ein Wochentag im *Bet ha-Mikdásch*

Jeder der vierundzwanzig *mischmarót* (= Wachen), in welche die im Lande verstreut ansässigen *kohaním* nach Wohnsitzen eingeteilt sind, entsendet für je eine Dienstwoche im Tempel eine Delegation. Jener *mischmár*, der an der Reihe ist, übernachtet an seinen sieben Diensttagen im Tempelbereich. Jede der sechs Schichten des *mischmár* versieht an einem Wochentag die *avodá* (= Dienst), aber am Schabbát verrichten ihn alle sechs, denn an ihm sind zusätzliche Aufgaben zu erfüllen. An ihm findet auch der Schichtwechsel statt, und der diensthabende *mischmár* wird vom nächsten abgelöst. Die Vorsteher der Schichten schlafen, die Schlüssel der Tore in der Hand, in drei Kammern, die von offenen Flammen geheizt sind, denn der Fußboden ist mit steinernen Fliesen belegt, auch wird die *avodá* barfuß verrichtet, und in Jerusalem – 800 m über dem Meeresspiegel – ist es nachts kalt. Die Lewiten schlafen woanders, in einer Empore schlafen junge *kohaním*, die für die *avodá* noch nicht reifen „Kadetten", damit sie tagsüber die Vorgänge beobachten und sich so auf ihr späteres Amt vorbereiten können.

Beim Hahnenschrei ruft der Aufseher: „Priester zum Dienst, Lewiten zum Sang, Jissraél zum *maamád* (= Stand, hier: Dabei-Stand)!", denn auch die Landbevölkerung teilt sich in 24 Gruppen, deren Repräsentanten je eine Woche bei der *avodá* ihres *mischmár* passiv dabeistehen und zuschauen. Diese beginnt mit dem Wegräumen der Asche, die sich seit dem Torschluß am vergangenen Tage (oder manchmal, wenn bis dahin nicht alles verbrannt war, während der Nacht) auf dem Altar angesammelt hatte. Die zu verrichtenden Aufgaben werden jenen *kohaním* übergeben, die an deren Verlosung teilnehmen wollen und vorher ein Tauchbad genommen haben. Jetzt öffnet der Aufseher, nachdem ihm der Schlüssel ausgehändigt wurde, ein Türchen in die *asará* (= Vorhof), die diensthabenden *kohaním* folgen ihm, teilen sich in zwei, von je einem Fackelträger geführte Gruppen und umkreisen die Asará unter ihren Laubengängen, sich beim Zusammentreffen mit „*schalóm, ha-kol beschalóm*" (= Ordnung, alles ist in Ordnung) begrüßend.

Jetzt wird ein Kohén durchs Los bestimmt, Wasser für die Zubereitung der Pfannenkuchen zu wärmen, und ein anderer, dem das entsprechende Los zufiel, wird in *terumát ha-déschen* (= Entheben der Asche) unterrichtet, womit er sofort ohne Begleitung und, da vom *misbéach* (= Altar) verdeckt, ungesehen, nach Hand- und Fußwaschung im *kijjór* (= Bassin), beginnt. Nach getaner *avodá* und wiederholter Waschung steigt er auf der Rampe hinan zu dem 2.5 m hohen *misbéach* im Innenhof, entfernt die verkohlten Holzscheite und häuft sie seitwärts auf der Rampe auf. Von dort werden sie von anderen *kohaním* (nach Waschung wie oben) weggeschafft. Die nicht vollends verbrannten Stücke werden auf der Rampe aufbewahrt. Man bringt neue Holzscheite herbei und schichtet sie oben auf dem Misbéach in drei Stapeln auf: einem großen für die *korbanót* (= Opfer), einem kleinen, von dem später glühende Kohlen für den Räucheraltar geholt werden, und einem sehr kleinen, der ständig brennt, damit der *misbéach* nie leer stehe. Oliven- und Rebenhölzer dürfen als Brennstoff nicht verwendet werden, weil ihre Früchte wesentliche Nahrung sind und sie zu den sieben *miním* (= Arten) gehören, „deren Erez Jissraél sich rühmt" (5.M. Kap. 8). Die genannten unverbrannten Scheite werden zurückgeholt und, nachdem das Feuer mit einem Holzspan entzündet wurde, verbrannt.

In der *lischkát ha-gasít* (= Quaderhalle) verlost man daraufhin die übrigen Amtshandlungen unter den *kohaním*, z.B. wer den Kopf, die Beine, das Feinmehl und den Wein darbringt. Wer die Morgenröte jetzt zuerst sieht, ruft: „*barkáj* (= Morgenrot) bis hin nach Chevrón (Hebron)!" Man holt die silbernen und güldenen Geräte und das seit dem vorangegangenen Tag auf seine Makellosigkeit geprüfte Lamm für *tamíd* (= wörtlich: stets; hier: das tägliche Frühopfer), prüft es noch einmal bei Fackellicht, schlachtet und enthäutet es. Damit jedoch wartet man, bis der dazu ausgeloste *kohén* den *ulám* (= Vorraum) durch ein Seitentürchen betreten und dessen großes Tor von innen geöffnet hat. Während des Schlachtens draußen „entascht" jener drinnen den kleinen goldenen Räucheraltar und verläßt den Raum, ein anderer betritt ihn, steigt auf einen Stein und reinigt die siebenarmige ca. 2 m hohe goldene *menorá* (= Leuchter), stutzt die Dochte und entzündet jene, die verlöscht sind. Ist dies vollbracht, wird das Lamm als *tamíd* samt *minchá* (= Hinleite) aus Feinmehl, der Pfannenkuchen des *Kohén Gadól* (= Hohe Priester) und *néssech* (= Guß) von Wein vorbereitet.

Das Lamm wird gefesselt, damit es makellos bleibe, und an der Nordseite des *misbéach* auf dem Fußboden von ausgelosten *kohaním* geschlachtet, ein kleines Gefäß von einem anderen ausgelosten *kohén* mit seinem Blut gefüllt und mit diesem zuerst die NO- und darauf die SW-Ecke des Misbéach besprengt. Der Rest wird dann auf dessen Südseite ausgegossen, wo er in einem Kanal abfließt und versickert. Jetzt geht man ans Enthäuten, Zerlegen, Waschen usw., wobei jede Handlung von jenem der sieben verrichtet wird, auf den das Los gefallen war. Alles bleibt vorerst auf der Rampe liegen, während sich die Kohaním in die *lischkát ha-gasít* (= Quaderhalle) zum Gebet zurückziehen.

Dort sprechen sie (ganz wie Juden heute in der Synagoge) den Segensspruch *barúch ... ha-bochér be-ammó Jissraél be-ahavá* (= Gelobt [bedankt?] ... der sein Volk Jissraél in Liebe erwählt). Ist die Sonne inzwischen aufgegangen, fahren sie fort mit *barúch ... jozér ha-meorót* (= gelobt ... der Schöpfer der Leuchten), lesen den Dekalog und die drei Abschnitte des *Schemá* (= Höre!) aus 5.M. 6:4–9; 11:13–21; 4.M. 15:37–41 und sprechen die *berachót* (= Segenssprüche) *emét we-jazzív ... ha-davár* (= wahr und beständig ... ist das Wort), „der die *avodá* seines Volkes Jissraél in Liebe annimmt" und *barúch ha-mevaréch et ammó Jissraél be-schalóm* (= ... der sein Volk Jissraél mit Frieden segnet).

Hierauf wird die Darbringung von *ketóret* (= Rauchwerk) auf dem inneren kleinen Goldaltar verlost, und zwar jeder dazugehörige Handgriff separat. Nach Verrichtung dieser Avodá fallen die Beauftragten nieder und verlassen den Raum. Während bis jetzt alles außer den genannten Stellen in Stille und völligem Schweigen vor sich ging, wird nun ein Gong geschlagen, „der alles in der Stadt übertönt", und die Lewiten schicken sich an, den für den betreffenden Wochentag designierten Psalm zu singen. Diejenigen unter den *kohaním*, die bisher aktiv teilnahmen, stellen sich jetzt auf den Stufen des Ulám auf und sprechen die *birkát ha-kohaním* (= Priestersegen) mit über ihrem Kopf erhobenen Armen (4.M. 6:24–26).

Das Fleisch des Lamms wird endlich ins Feuer geworfen, die *minchá* aus Mehl dargebracht und der Wein ausgegossen, letzteres begleitet von *schofár*- (= Widderhorn) Tönen und vom Gesang des genannten Psalms durch die *lewiím*.

Die *avodát ha-tamíd* (= tägliches Frühopfer) am Morgen dauert von vor Sonnenaufgang bis über Mittag hinaus. Der frühe Nachmittag ist die Zeit für individuelle Darbringungen der *korbanót* durch einzelne Personen.

Das *tamíd*-Opfer des Abends gleicht dem des Morgens, doch wird *birkát ha-kohaním* (= Priestersegen) nicht rezitiert, dafür jedoch das Öl in der *menorá* nachgefüllt. Damit hat der Tag geendet, und den *kohaním* bleibt nur noch übrig, die *nei'lá* (= Verschluß) zu besorgen, d.h. die Tore zu verschließen. Wenn der seltene Fall eintritt, daß tagsüber besonders viele Opfer von Einzelnen dargebracht wurden und diese Opfer bis *nei'lá* noch nicht ganz verbrannt sind, durfte dies unter Aufsicht von *kohaním* nachts geschehen. Verwunderlich ist, daß, während seit eh und je, gestützt auf 3.M. 23:32 und anderswo, der jüdische Tag, und daher auch jedes Fest, am Vorabend beginnt und mit dem Abend endet, der *mikdásch*-Tag morgens anfängt und mit Einbruch der Dämmerung vergangen ist.

THESE

In Gewissensfragen gibt es keinen Kompromiß, oder müssen auch in Gewissensfragen notgedrungen Kompromisse gefunden werden? Max Weber ist der Meinung, wer Politik treibt, dessen Gewissen müsse „elastisch" sein, weil er Verantwortung trägt, und wer seinem Gewissen treu zu bleiben wünscht, dürfe nicht in die Politik gehen. Plato hofft (dagegen?) auf eine Welt, in der Könige Philosophen und Philosophen Könige sein werden.

HANDREICHUNG

Die Verfasser dieser Serie fragen sich, ob selbst nach über vierzig durchgenommenen Wochenabschnitten der nun vorliegende, einer der schwierigsten, den Lernenden zuzumuten sei. Seine Thematik, der Opferkult, seit rund zwei Jahrtausenden nicht mehr praktiziert, wurde auch vorher schon immer mehr als obsolet in Frage gestellt. Seit geraumer Zeit werden auch innerhalb der Judenheit Stimmen laut, seine religiöse Verbindlichkeit und damit eine eventuelle künftige Reinstitution vollends abzuschaffen. Ästhetisch waren die Opfer kaum, und weiten jüdischen und erst recht nichtjüdischen Kreisen scheinen sie heute ethisch nicht akzeptabel. Ebenso ist ihre eingehende technische Anordnung und Beschreibung alles andere als literarisch hervorragend, eindeutig oder inhaltlich hochaktuell – alles genügend Grund, über sie hinwegzugehen. Doch ist es nicht die jüdische Art des Torá-Studiums, aus ihrem Kuchen Rosinen herauszusuchen. Nicht nur deswegen und nicht nur aus Pietät und der Vollständigkeit halber überspringen wir diesen Abschnitt nicht. Allerdings ist er selbst alles andere als dramatisch, aber das fast von seiner Niederschrift an datierende Ringen der größten Geister mit dem Problem ist beispiellos dramatisch. Wir haben es uns darum zu unserer Aufgabe gemacht, die wir als eine Herausforderung ansehen, gerade hierin Studierende so sehr zu fesseln, daß auch sie im Ringen mit dem angebotenen MATERIAL diese annehmen, und hoffen auf das Beste. Da sich nun die Opfervorschriften über gute fünfzig Kapitel erstrecken, ist es eigentlich belanglos, womit man beginnt, und so haben wir denn als unseren Text jene neun Verse gewählt, die an ihrem Anfang stehen. Das ist auch der Grund dafür, daß, obgleich sich unser Studium mit einem besonders kurzen TEXT beschäftigt, das MATERIAL reicher und vielfältiger ist als sonst. Ausnahmsweise kann unter Umständen die übliche und allem anderen vorausgehende Beschäftigung mit dem hebräischen Text abgekürzt oder ganz beiseite gelassen werden, weil die Problematik diesmal nicht so sehr in seinem Verständnis, sondern seit je in der Stellungnahme zu seinem Inhalt liegt. Die deutsche Übersetzung wird wahrscheinlich auch nicht viel nützen.

Womit empfiehlt es sich also zu beginnen? Als Ansatzpunkt kann MATERIAL Nr. 1 zur Einführung dienen; ein anderer Weg wäre MATERIAL Nr. 19 als Vorstellung des im Titel erwähnten Dilemmas: Torá-Treue um jeden Preis, sogar auf Kosten eines Anachronismus, Reinterpretation einer expliziten Vorschrift mittels spitzfindiger Auslegung, oder totale Absage, die auf gegenwärtige verfeinerte Religiosität pocht, wohinter sich jedoch möglicherweise deren totale Abwesenheit verbirgt. Da das MATERIAL diesmal chronologisch angeführt ist, läßt sich verfolgen, wie mit dem Wechsel des Zeitgeistes die Beurteilung des Opferkults Generationen hindurch schwankte.

MIRJÁM UND DIE FREMDE FRAU

4.M. 12:1–3, 10, 11, 13, 14 במדבר יב, א-ג, י, יא, יג, יד
Buber-Rosenzweigs Übersetzung

Mirjam redete und Aharon wider Mosche,	1	וַתְּדַבֵּר מִרְיָם וְאַהֲרֹן בְּמֹשֶׁה
des kuschitischen Weibes wegen,		עַל־אֹדוֹת הָאִשָּׁה הַכֻּשִׁית
das er genommen hatte,		אֲשֶׁר לָקָח
denn ein kuschitisches Weib hatte er genommen.		כִּי־אִשָּׁה כֻשִׁית לָקָח׃
Sie sprachen:	2	וַיֹּאמְרוּ
Hat ER denn allein nur in Mosche geredet,		הֲרַק אַךְ־בְּמֹשֶׁה דִּבֶּר יְהוָה
hat er nicht auch in uns geredet?!		הֲלֹא גַּם־בָּנוּ דִבֵּר
ER hörte es.		וַיִּשְׁמַע יְהוָה׃
Der Mann Mosche aber war sehr demütig,	3	וְהָאִישׁ מֹשֶׁה עָנָו מְאֹד
mehr als alle Menschen,		מִכֹּל הָאָדָם
die auf der Fläche des Erdbodens sind.		אֲשֶׁר עַל־פְּנֵי הָאֲדָמָה׃
da war Mirjam aussätzig, wie Schnee.	10	וְהִנֵּה מִרְיָם מְצֹרַעַת כַּשָּׁלֶג
Aharon sprach zu Mosche:	11	וַיֹּאמֶר אַהֲרֹן אֶל־מֹשֶׁה
O mein Herr,		בִּי אֲדֹנִי
lege es doch nimmer auf uns als Versündigung,		אַל־נָא תָשֵׁת עָלֵינוּ חַטָּאת
daß wir närrisch waren und daß wir sündigten!		אֲשֶׁר נוֹאַלְנוּ וַאֲשֶׁר חָטָאנוּ׃
Mosche schrie zu IHM, sprechend:	13	וַיִּצְעַק מֹשֶׁה אֶל־יְהוָה לֵאמֹר
Ach Gott,		אֵל נָא
ach heile sie!		רְפָא נָא לָהּ׃
ER sprach zu Mosche:	14	וַיֹּאמֶר יְהוָה אֶל־מֹשֶׁה
Hätte ihr Vater ins Antlitz ihr gespien, gespien,		וְאָבִיהָ יָרֹק יָרַק בְּפָנֶיהָ
müßte sie sich nicht ein Tagsiebent schämen?		הֲלֹא תִכָּלֵם שִׁבְעַת יָמִים
bleibe sie ein Tagsiebent außer Lagers eingeschlossen,		תִּסָּגֵר שִׁבְעַת יָמִים מִחוּץ לַמַּחֲנֶה
dann werde sie rückgeholt.		וְאַחַר תֵּאָסֵף׃

FRAGEN

1. Hier handelt es sich offenbar um einen Familienkonflikt, was das einzige ist, das einigermaßen klar aus dem Text hervorgeht. Er strotzt von Andeutungen, das meiste bleibt ungesagt, und der Gesamteindruck der Erzählung ist ein unübersichtliches Chaos von Details.

2. Nur Mirjám wird bestraft, ihr Bruder und Komplize geht straflos aus, wahrscheinlich wieder einmal, weil er ein Mann ist.

3. Warum läßt sich Zipporá alles gefallen?

4. Aharón spielt für eine der maßgebenden Gestalten der Torá hier eine auffallend zweitrangige Rolle, schlägt sich einmal auf die eine, einmal auf die andere Seite, überläßt seiner Schwester – einer Frau, deren älterer Bruder er ist! – die peinliche Aufgabe, Mosché Vorwürfe zu machen, und bittet diesen am Schluß – den gleichfalls jüngeren als er und ihn mit „Herr" ansprechend – um Verzeihung. Ist so ein Mensch eine Führernatur?

5. Aus Mirjám wird man noch weniger klug. Wissen wir von ihr Näheres aus anderen Erzählungen, bevor wir sie loben oder nicht?

6. Darin, daß die Geschwister die Mischehe tadeln, liegt unverkennbarer Rassismus.

7. Was hat all das mit Moschés Demut zu tun? Wenn er überhaupt demütig war, so kommt diese lobenswerte Eigenschaft hier nicht zum Ausdruck.

8. Pflegten damals Eltern ihren ungeratenen Kindern ins Gesicht zu speien? Derartige Erziehungsmethoden haben wir glücklicherweise überwunden.

9. Moschés Gebet ist recht kurios. Noch kürzer konnte er sich wohl vor lauter Demut für eine erkrankte Schwester nicht fassen …?

10. Der hier beschriebene Aussatz entspricht nicht der Lepra, wie man sie heute kennt.

11. Davon, daß Aharón und Mirjám Propheten waren, haben wir bisher nichts erfahren. Auf jeden Fall hat es mit Moschés Mischehe nicht das Geringste zu tun – wozu also die unbelegte Information gerade hier?

12. Aus dem ganzen Bericht geht nicht hervor, was die Geschwister eigentlich von Mosché wollen – soll er sich mit fast 120 Jahren kurz vor seinem Tod von Zipporá scheiden lassen?

13. Zipporá war aus Midján und nicht aus Kusch!

14. Wenn sie überhaupt eine Kuschitin war, brauchen wir es nicht zweimal im selben Satz gesagt zu bekommen.

15. Wenn den beiden Moschés Mischehe mißfiel, hätten sie sie kritisieren sollen, als er sie einging – nach der biblischen Chronologie spätestens vor 40 Jahren.

בהעלותך   Mirjám und die fremde Frau   Behaalotechá

LEITBLATT

Gruppe A (Fragen 1–10)

1. So denkt auch Eißfeldt (MATERIAL Nr. 14b). Er schreibt diesen Zustand des Textes der Hypothese zu, verschiedene Quellen seien hier zusammengestückelt und solange abgeändert worden, bis er so unbefriedigend auf uns gelangt ist. Er und die Exegeten seiner Schule bleiben aber die Antwort schuldig, wozu der Vorfall überhaupt und in einigen Versionen berichtet, dann ein weiteres Mal in einem anscheinend heillosen Durcheinander für die Nachwelt verewigt wurde. MATERIAL Nr. 19d widerspricht dieser These überhaupt und ihren Einzelheiten. Fast alle jüdischen Exegeten, vom allerältesten Midrásch an bis zum allerneuesten, kommen ohne solche Vivisektion aus. Sie werden in den Antworten zu anderen FRAGEN zur Sprache kommen. Dort wird dann auch erhellt, weswegen die ausschlaggebende Einzelheit nur zwischen den Zeilen zu finden ist. Es ist nicht selten, daß dem Fehlenden in der biblischen Erzählung im selben Maße nachgegangen werden muß wie dem Ausbuchstabierten: Auch Chaos kann beabsichtigt sein.

2. Manche Leserinnen wittern Diskriminierung, wo immer eine Frauengestalt auftritt. Ja, es kommt vor, daß sie Zurücksetzung einer Frau vermuten, wo sie nicht existiert, und wie hier dann die Zurücksetzung einer anderen übersehen. Ein extremes Beispiel ist MATERIAL Nr. 16. Daß die Schwägerinnen nach dessen Meinung zerstritten sind, tut der Autorin nichts zur Sache, Hauptsache, benachteiligt muß wenigstens eine sein. Siehe dazu FRAGE Nr. 3. Im übrigen war Mirjáms „Strafe" leicht. Wie lange ihre Krankheit dauerte, ist wieder ein fehlendes Detail: mag sein, nur einen Tag, jedenfalls weniger als eine Woche (V. 15). Aharóns Schuld ist, daß er der Schwester nicht den Mund verbot, wofür er sich entschuldigte – der „zurückgesetzten" Mirjám fällt dergleichen gar nicht ein. Ein unerwarteter Aspekt ihrer „Strafe" steht in LIMMÚD Nr.1.

3. Weiß der FRAGENDE, was sich Zipporá alles gefallen ließ? Tatsächlich allerlei, es war bloß etwas, das er gar nicht ahnt – vielleicht in einer Sache, die schwerer wiegt als ein versagtes Votum in der Volksgemeinde, aber ihr Wesen ist noch herauszuarbeiten. Siehe die Antworten auf die FRAGEN der zweiten Gruppe.

4. Zum Glück waren weder er noch Mosché Führernaturen wie jene vielen, unter denen die Weltgeschichte zu leiden hatte. Aharón ist ein friedliebender Typus überall, enttäuscht Mosché (MATERIAL Nr. 7b), beneidet ihn angeblich (MATERIAL Nr. 15b), entschuldigt sich bei ihm in seinem und Mirjáms Namen (V. 11 und MATERIAL Nr. 12b), und bittet für Mirjám und nicht für sich (V. 11). In der Regel ist es nicht die Art der Torá, dem Leser jemandes positive oder negative Charakterzüge aufzuzählen und Zensuren zu verteilen. Sie läßt eine Person handeln und sprechen und überläßt es jenem, sich ein Bild von ihr zu machen. Aharóns Passivität kommt denn auch, ohne daß sie mitgeteilt wird, eindeutig ans Licht, wo immer er auftritt. Die rare Ausnahme ist V. 3, und über sie siehe MATERIAL Nr. 19f.

5. Allerdings, und das Wenige legt MATERIAL Nr. 17 vor. Wir wissen nicht, ob sie je geheiratet und Kinder hatte, außer daß die Aggadá sie von erfahrenem Geschlechtsverkehr sprechen läßt (MATERIAL Nr. 2). MATERIAL Nr. 16 ist im Zweifel, ob sie hier Lob oder Tadel verdient, als ob wir Schulmeister wären, die Sittennoten zu geben haben. Solange ihre Beweggründe unbekannt sind – über sie im Weiteren – lassen wir Nachsicht walten.

6. Von Rassismus kann keine Rede sein, wie freigebig er auch der Bibel vorgeworfen wird. MATERIAL Nr. 10 lehnt Verschwägerung mit den Nachkommen Chams ab wegen dessen zweifelhafter sexuellen Moral, MATERIAL Nr. 18c vermutet ethnische Vorbehalte, was etwas ganz anderes ist. Über Mischehen überhaupt siehe LIMMÚD 2.

7. Moschés Schweigen bezeugt seine Demut, hier besser seine so „unführerhafte" Geduld und Duldsamkeit. MATERIAL Nr. 19f. glaubt noch mehr hierin zu finden.

8. MATERIAL Nr. 15c behauptet, dies sei üblich gewesen, verrät leider nicht die Quelle hierfür. „Halb-Wissen ist ein ‚gefährlich Sach'", schlimmer als Unwissen.

9. Das gab schon den Alten in MATERIAL Nr. 1b, 4, 5 und 18d zu denken.

10. Dazu kurz MATERIAL Nr. 6 und ausführlich Nr. 19a.

Gruppe B (Fragen Nr.11–15)

11. So scheint es nur auf den ersten Blick, aber noch ein paar Blicke auf die Hinweise zur FRAGE Nr. 12 und der Zusammenhang wird bald klar. Das zentrale Problem dieser wenigen Verse sind nicht Mirjám, Aharón und Zipporá, ja nicht einmal Mosché. Es ist der mögliche Zweifel, ob göttliche Berufung, wofür die Schrift nur den Begriff Prophetie hat, temporär oder permanent Geschlechtsverkehr und damit Zeugung von Nachkommenschaft ausschließt, verbietet oder, maximierend formuliert, ob sie Zölibat wohlwollend beurteilt und vielleicht empfiehlt. Die Antwort ist hier und an allen relevanten Stellen ein entschiedenes Nein. Jede grundsätzliche, beabsichtigte Enthaltsamkeit, und wie sehr erst aus religiösen Motiven, läuft dem Willen des Schöpfers undankbar zuwider, wie es heißt: „Nicht als Irrsal hat er sie [d.h. die Erde] erschaffen, zum Besiedeln hat er sie gebildet" (Jes 45:18). Es nimmt daher nicht wunder, daß dieses Motiv im MATERIAL dominiert: Nr. 2, 11a,b, 12a,b, 13.

12. Den Zusammenhang dieses Punktes mit der Mirjám-Episode erstellt die älteste Quelle, die zu ihr Stellung nimmt, und zwar Ssifré in MATERIAL Nr. 1a, und ihm schließt sich RaSCHI an (MATERIAL Nr. 9a). Von da an sind sich in dieser Hinsicht alle jüdischen Kommentatoren einig, soweit sie nicht in Eißfeldts Fußstapfen (MATERIAL Nr. 14b) und in denen seiner Lehrer und Schüler wandeln, denen Ssifré so gänzlich unbekannt ist, daß sie ihn nicht einmal widerlegen. In der Tat kann man

behaupten, daß die überraschende Lösung des Problemknäuels insofern allen anderen Versuchen überlegen ist, weil sie eigentlich alle gestellten (und ungestellten) FRAGEN beantwortet. Ihre Vorzüge sind:
Sie unterzieht den Text keiner Korrektur, behilft sich nicht mit Emendationen, Aufteilung in Quellen u.ä. Sie beantwortet, warum so viel nur angedeutet ist: Es handelt sich um Moschés und Zipporás Intimsphäre; weil sich auf sie Mirjáms Vorwurf bezieht, wird verständlich, daß die Kommentare wieder und wieder vor übler Nachrede, „Weiberklatsch" u.ä. warnen, z.B. MATERIAL Nr. 6, 7a und 11a; sie geht zudem konform mit der prinzipiell bejahenden Einstellung der Torá zur Sexualität, zu den Rechten der Gattin und den Pflichten des Gatten: vgl. MATERIAL Nr. 11a und 19b(1). Daher „läßt sich Zipporá nichts gefallen" (oben Nr. 2); der Verdacht bezüglich Rassismus und Diskriminierung der Frau – durch ihre Schwägerin, eine andere Frau? durch den Erzähler? – ist grundlos; die angeblich um 40 Jahre verspätete Kritik an Moschés Ehe ist gegenstandslos, weil Zipporá Jahrzehnte lang von ihrem Mann nicht vernachlässigt wurde; die Episode steht am richtigen Platz geschrieben, und zwar nach der Ernennung der 70 Ältesten, die „Propheten" sind, sich für solche halten oder von anderen als solche angesehen werden (4.M. 24–29). Die Dramatik des *rencontre* in seinen vielfältigen Facetten läßt sich sehr gut in MaLBIMs Wiedergabe (MATERIAL Nr. 13) erkennen.

13. Angesichts der Antwort auf FRAGE Nr. 12 ist das Problem Kusch vs. Midján sekundär, obgleich es des implizierten Widerspruchs wegen insbesondere die modernen Kommentatoren intensiv beschäftigt. Einige Lösungen stehen zur Verfügung: MATERIAL Nr. 8, 9d, 10, 14a, 15a, 18b und 19b(2),c.

14. Für die Wiederholung im ersten hat MATERIAL Nr. 14b einen Ausweg, einen anderen schlägt Nr. 19b(3) vor. Zu erwägen ist, ob sie möglicherweise gar nicht problematisch ist und nicht ganz einfach eine Eigenart der biblischen Erzählung. Ein realer ähnlicher Fall ist 1.M. 13:1 wo doch keiner auch der strengsten Kritiker die Wiederholung als Glosse aus dem Text an den Rand geschoben hat.

15. Diesbezüglich siehe die Hinweise zu FRAGE Nr. 12.

MATERIAL

1. ספרי *Ssifré z. St.:*
(a) Woher wußte מרים *Mirjám*, daß משה *Mosché* sich vom ehelichen Verkehr fernhielt? Sie sah ציפורה *Zipporá*, wie sie sich nicht nach Frauenart mit Geschmeide schmückt, und fragte sie: „Was ist dir geschehen, daß du dich nicht [für deinen Mann] mit Geschmeide schmückst?" – „Dein Bruder legt keinen Wert darauf [und merkt es ohnedies nicht]." So erfuhr מרים *Mirjám* davon und berichtete es ihrem Bruder.
(b) Warum sprach משה nicht ein längeres Gebet? Damit das Volk nicht sage: Für seine Schwester in Nöten steht er da und betet und betet und betet.

2. ספרי זוטא *Ssifré Sutá z. St.:*
[Die beiden] besprachen die Sache unter sich und sagten: Er ist überheblich – hat denn הקדוש ברוך הוא *ha-kadósch barúch hu* (= der Heilige, gelobt sei er) nur mit ihm [und nicht mit vielen anderen נביאים *neviím* (= „Propheten")] und auch mit uns [beiden] gesprochen? Trotzdem haben wir uns nicht vom ehelichen Verkehr ferngehalten.

3. ירי בשלח ז *Mechiltá Beschallach 7:*
Woher [lernen wir, daß] Respekt vor einem Mitmenschen so viel gilt wie der vor einem Lehrer? Wie es [von אהרון *Aharón*) heißt, [er habe משה *Mosché* angesprochen mit] „O mein Herr!": Wo er doch der ältere war, machte er ihn dennoch zu seinem Herrn [und Lehrer].[1]

4. ברכות לד א' *Berachót 34a:*
תנו רבנן *tanú rabbanán* (= es lehrten unsere Meister): Es begab sich einmal, daß ein תלמיד *talmíd* (= Schüler; hier: noch nicht ordinierter Meister) vor R. Eliéser zum [Torárollen-]Schrein hinabstieg[2] und sein Gebet [gar sehr] kürzte.[3] Da sagten dessen תלמידים *talmidím* [zu R. Eliéser]: Was für ein Kürzer ist der! Er antwortete: [Nicht] kürzer als משה רבנו *Mosché rabbénu* (= unser Meister), von dem es heißt: „Ach Gott, ach heil sie doch!"[4] – [von ihm können wir lernen].

5. מכילתא בשלח ב, ג *Mechiltá Beschallách 2,3:*
„Was schreist [du, Mosché,] nach mir?! Rede zu den Benéj Jissraél, sie sollen [endlich vom Meeresstrand weg]ziehen." R. Eliéser sagte: Es sprach הקדוש ברוך הוא *ha-kadósch barúch hu* zu משה: *Mosché*, meine Kinder befinden sich in Not, das Meer verschließt ihnen [den Weg], und der Feind setzt ihnen nach – und du stehst da und häufst Gebete an? Es gibt Zeiten, [sie] hinauszuziehen, und Zeiten, [sie] zu kürzen. Bei מרים *Mirjám* [tat er dieses, aber auf dem Berg], da steht: „Ich sank nieder vor IHM vierzig Tage und vierzig Nächte" (5.M. 9:25) – [da tat er jenes].[5]

6. ויקרא רבה טז, ה *Wajikrá Rabbá 16,5:*
„Erlaube deinem Mund nicht, dein Fleisch [= dich] zu verführen, und sprich nicht vor dem Boten: ‚Es war ein Versehen'. Warum sollte der Gott über deine Stimme zürnen und all deiner Hände Werk verderben [lassen]?" (Koh 5:5) – unsere Meister beziehen dies Schriftwort auf מרים *Mirjám*: Erlaube nicht einem deiner Glieder [hier: der Zunge], alle [deine Glieder] zu verführen [und infolge des Schwatzens mit Ausschlag gestraft zu werden,] und sprich [dann] nicht [wie Aharón zuzugeben gezwungen war]: „Wir waren [eben] närrisch". Mit ihrem Mund [allein] verging sie sich, und bald waren alle Glieder betroffen.[6]

7. דברים רבה ו, ג *Devarím Rabbá 6,3:*
(a) Das ist doch [ein Fall für einen Schluß nach der Regel] קל וחומר *kal wa-chómer* (= de minore ad maius, d.h. wenn in einem leichten Fall so, umso mehr in einem ernsten):[7] Wenn מרים *Mirjám* so bestraft wurde, nachdem sie nur zu משה *Mosché* redete, es gut mit ihm und zum Lobe des Schöpfers wegen Fortbestandes der Welt [durch Nachkommenschaft[8]] meinte, umso mehr [ist strafwürdig,] wer [hinter seines Mitmenschen Rücken] öffentlich von ihm [schlecht] redet.
(b) משה *Mosché* sprach zu sich: Sie redete so – es ist nun einmal Gewohnheit der Frauen [über Intimitäten] zu plaudern, aber mußte mein Bruder auch so gegen mich sprechen? Da begann er zu weinen: „Sogar mein Vertrauter, auf den ich mich verließ, der mein Brot ißt, hat die Ferse [hier: den Fuß] über mich [zum Schlag] erhoben" (Ps 41:10).

8. תרגום יונתן *Targúm Jonatán z. St.:*
Die Kuschitin war keine andere als ציפורה *Zipporá*, Moschés Frau, doch wie sich die Kuschiten [an Farbe] von allen anderen Menschen unterscheiden, so war es auch mit ציפורה: fein an Wuchs, schön von Angesicht

---

1 Es charakterisiert die Aggadá, auch aus einer nebensächlichen Redewendung Belehrung in korrekter Lebensführung herauszupressen.
2 In den ältesten Synagogen war es üblich – was noch in ihren Ruinen aus dem 4. Jh. in Israel zu sehen ist –, daß der Schrein und das Pult in der Mitte des Raumes standen und die Anwesenden von einer sie umgebenden Art Tribüne zu ihnen hinuntersteigen mußten.
3 Das geschah zu einer Zeit, als die Vorbeter noch improvisierten.
4 Dazu siehe MATERIAL Nr. 18d.
5 Die Mechiltá verwirft sowohl übermäßige Länge wie Kürze. So sind z.B. selbst die Stammgebete am Schabbát verkürzt wegen gewisser Zusätze, die Vorrang haben.
6 Nur sehr indirekt ist diese Auslegung eines Verses aus Kohélet mit Mirjáms Aussatz verbunden. Wie so etwas zugeht, beantwortet Anmerkung Nr.1. Dergleichen gewagte Kreuzverbindungen zwischen zwei voneinander entlegenen Stellen gehören zu den Eigenarten der Aggadá (und sollten ohne weitere Kritik hingenommen werden).
7 Diese Art von Syllogismen behandelt eingehend LIMMÚD 1.
8 Für sie zu sorgen ist das allererste Gebot („Seid fruchtbar etc."), und von ihm ist die ganze Auffassung der jüdischen Religion vom menschlichen Dasein durchsetzt.

und verschieden von allen Frauen ihrer Generation in ihrem Verhalten.⁹

9. רש"י *RaSCHI z. St.:*
(a) [Mirjám] war es, die die Sache anschnitt, weswegen die Schrift sie vor ihrem Bruder nennt. Und woher wußte sie, daß sich משה *Mosché* von seiner Frau fernhielt? Rabbi Natán sagt: Sie befand sich [zufällig] bei [ihrer Schwägerin] Zipporá [zu Besuch], als man dieser mitteilte, Eldád und Medád spielen sich im Lager als נביאים *neviím* (= „Propheten") auf (4.M. 11:26). Als Zipporá das hörte, sagte sie: Weh den [armen] Frauen der beiden, sollten sich ihre Männer als נביאים *neviím* erweisen! Dann werden sich ihre Männer so von ihnen fernhalten wie mein Mann von mir. Das erzählte מרים *Mirjám* אהרון *Aharón.*
(b) Es war nicht ihre Absicht, משה *Mosché* zu tadeln, [nur die Motive seiner Abkehr zu wissen], sie wurde aber dennoch bestraft [wie jemand, der üble Nachrede unter Leuten verbreitet!].
(c) „wegen des Weibes" – nämlich ihrer Scheidung wegen.¹⁰
(d) Ihrer Schönheit wegen heißt sie hier [schwarz wie eine] Kuschitin, so wie man einen ausnehmend schönen Säugling Kusch nennt, damit עין הרע *ejn ha-rá* (= der böse Blick) keine Gewalt über ihn habe.¹¹

10. רשב"ם *RaSCHBáM z. St.:*
Kuschitin, weil von deren Familie [abstammend]. Denn in einer Chronik steht, משה רבנו *Mosché rabbénu* (= unser Meister) regierte 40 Jahre im Lande Kusch und nahm dort eine Königin zur Frau, lag aber nie bei ihr [, wovon seine Geschwister nichts wissen konnten,] und das ist die [wahre] Substanz [ihres Vorwurfs].¹² Denn hätten sie sich auf ציפורה *Zipporá* bezogen, was für einen Sinn gäbe es, uns mitzuteilen, daß er „eine Kuschitin genommen" habe, als ob wir nicht wüßten, daß Zipporá eine Midjaniterin war. Noch ein Beweis, daß sie keine Kuschitin war: Kusch [, der Kuschiter Vorfahr,] war der Sohn von [Nóachs Sohn] Cham (1.M. 10:7), während Midján von den Söhnen [Avraháms und seiner Kebse] Keturá war (1.M. 25:2). Nur eine Midjaniterin hätte Mosché in Anbetracht ihrer ehrbaren Herkunft [von Avrahám] je zur Frau genommen, niemals eine aus Chams Sippe – darunter Kusch –, weil diese sich in Verruf gebracht hatten (1.M. 9:22 und 10:6).

11. דון יצחק אברבנאל *Don Jizchák Avrabanél z. St.:*
(a) הכתוב *ha-Katúv* (= das Geschriebene, hier: die Schrift) kommt und zeigt, wieviel Ärger in der Öffentlichkeit und bei Personen aus unnützem, besonders häßlichem Gerede erwächst und daß sogar אהרון *Aharón* und מרים *Mirjám*, obgleich נביאים *neviím* (= hier etwa: Künder des göttlichen Willens), dies nicht beherzigten. Es besteht doch kein Zweifel, daß ihre Absicht war, משה *Mosché* wegen Indifferenz gegenüber seiner Frau zurechtzuweisen und ihr Bedauern über seine Vereinsamung zu äußern. [Woher sie davon wußten, ergänzt der Midrásch¹³]. RáN schlägt ein anderes Motiv vor: Bis dahin, so dachten die beiden, hätten ihn die Führung des Volkes und dessen Klagen belastet und er habe geglaubt, diese schwere Aufgabe sei ein Gebot, das ihn von Erfüllung eines anderen, nämlich der Sorge für Nachkommenschaft [nach seiner Wiedervereinigung mit Zipporá und ihren zwei Söhnen am Fuße des Sinaí] und damit des ehelichen Verkehrs enthebe, eine implizierte Torá-Pflicht, auf deren Erfüllung eine Gattin Anspruch hat. Dem hatten auch seine Geschwister beigepflichtet. Nachdem aber kurz zuvor (4.M. 12:16–17) von ihm 70 Männer zur Leitung des Volkes bestallt worden waren, dachten die Geschwister, seine Last sei nicht mehr so groß und er könne sich wieder seiner Frau widmen.
(b) Den beiden schien es, nur aus einer von drei Ursachen oder aus allen dreien zusammen sei seine Absonderung von Zipporá zu begreifen: (1) weil sie rabenschwarz war wie alle Midjaniterinnen, was der kräftige Sonnenschein in jener Gegend bewirkt und was ihrem Mann mißfiel; (2) weil er sich seiner Berufung wegen in sich selbst zurückzog; (3) weil er von Natur demütig und zurückhaltend war und ehelichen Verkehr als entwürdigend ansah. Auf all dies fanden die Geschwister Antwort. Schwarz war sie ja schon, als er sie heiratete und mit ihr zwei Söhne zeugte, und heller ist sie bestimmt nicht geworden, wie es ja heißt: „Wechselt denn ein Kuschí seine Haut?" (Jer 13:23). Dann hätte er besser getan, sie überhaupt nicht zu heiraten, als sie nach so vielen Jahren zu ignorieren. Auch die Berufung ist keine Entschuldigung: Berufen waren andere [*neviím*] ebenso und trennten sich dennoch nicht von ihren Frauen (z.B. Jes 8:17). Und wenn seine Demut dahinter steckte, daß er sich von etwas zurückhielt, was ihn herabsetzend dünkte, war sie denn so groß, um etwas zu unterlassen, was kein Mensch auf Erden je getan hat, weil es der menschlichen Natur fernliegt und den Fortbestand der Menschen in der Welt garantiert.¹⁴ Es besteht daher kein Zweifel, daß seine Abkehr von ihr von seinem Aufenthalt auf dem Berge für 40 Tage und Nächte herrührte, während derer er seelisch so erschöpft war und blieb, daß er weder nach Brot hungerte, noch nach Wasser dürstete oder nach ehelichem

---

9 Der Targum löst den Widerspruch in Bezug auf Zipporás Abstammung, indem er ihr ein Kompliment macht. Die überwältigende Schönheit der vier „Mütter" gereicht ihnen – zusätzlich in ihren vielen Tugenden – zum Lob. Zipporá möge ihnen gleichen.
10 Vielleicht meint RaSCHI Moschés temporäre Trennung von ihr bis zu ihrer Wiedervereinigung beim Berge Sinai oder den Grund, den MATERIAL Nr. 1 herausarbeitet.
11 Solchen Aberglauben verbietet die Torá einige Male streng, ohne imstande zu sein, ihn gänzlich auszumerzen. Ihre Ansprüche an den Menschen in dieser Hinsicht (und in anderen) haben sich sehr oft als allzu hoch erwiesen. Da kann man nur hoffen.
12 Die Legende von der schwarzen Königin ist geschichtlich und der Torá zufolge wertlos. Wieso ein „Realist" wie RaSCHBáM sie als wahr akzeptieren konnte, ist schwer zu verstehen.

13 Siehe MATERIAL Nr. 1.
14 Freiwilliges und erst recht religiös auferlegtes Zölibat ist Avrabanel einfach unbegreiflich.

Verkehr verlangte, Dinge, die seine Geschwister einfach nicht begriffen.

12. לקח טוב *Lékach Tov z. St.:*
(a) „allein nur" (V. 2) – bedeuten nicht beide Wörter dieselbe [Einschränkung? Wozu dann die Verdoppelung?] Aber wenn eine Einschränkung auf eine andere folgt, so hebt die zweite die erste auf [und gestattet teilweise, was diese einschränkt![15]] Nun hat ER zwar auch mit den אבות עולם *avót-olám* (= Väter der Welt, d.h. fortwährende Welt-Vorbilder) gesprochen, ohne daß sie sich der Fortpflanzung deswegen enthielten, und gerade darum liebte er sie, weswegen geschrieben steht: „Nur an deine Väter hing ER sich, sie zu lieben" (5.M. 10:15).[16]
(b) Aharón sprach zu ihm: Mein Herr, wenn wir einen Fehler begingen, so leg es uns nimmer als Versündigung aus, als wäre es böswillig geschehen: Wir hatten bloß [Sorge um die] Fortpflanzung im Sinn.[17]

13. מלבי״ן *MaLBIM z. St.:*
(a) Ich denke, das Gespräch zwischen den Geschwistern war ausgedehnter, wobei Mirjám begann – daher das Prädikat im Singular – und Aharón ihr nur zustimmte, ob in Moschés Anwesenheit oder nicht. Die Torá notiert eben nicht jedes Wort, das fällt, sondern nur die Hauptpunkte, so daß wir den Rest selbständig aus ihnen entnehmen mögen, und zwar hier die Vorhaltungen wegen Moschés Vernachlässigung seiner ehelichen Pflichten gegenüber Zipporá. Darauf fuhr Mirjám fort, er hätte dasselbe seiner ersten, der wirklich kuschitischen Frau angetan [, die er einst als Ägyptens General nach seinem Sieg über die Nubier heiratete, welche man auch Kuschiten nennt].[18] Das will sagen: Damals war sein Verhalten berechtigt, weil jene [wirklich] eine Kuschitin war, nicht wie Zipporá. Aharón fügte hinzu, [was im Bericht fehlt,] daß Mosché jetzt wieder dasselbe tue, um jederzeit bereit zu sein, göttliche Weisungen zu empfangen [, wodurch er Mosché gegen Mirjám in Schutz nahm].[19] Darauf wandte sie V. 2 ein [, d.h. sie beide hätten ja anders gehandelt und Eheverkehr gepflogen]. Ich wundere mich bloß, daß sie den Unterschied zwischen ihnen beiden und ihm nicht begriff, insofern als er ohne Unterlaß [für göttliche Aufträge] empfangsbereit sein mußte und sich somit Zipporá nicht widmen konnte. Das geht klar hervor aus 5.M. 5:28: „Kehrt zurück zu euren Zelten, du aber steh hier bei mir", was andeutet, allen sei jetzt [nach der Offenbarung] gestattet, ihre Zelte zwecks Geschlechtsverkehrs wieder aufzusuchen, was die Schrift umschreibt, denn der war ihnen vorher für drei Tage untersagt (2.M. 19:15). Hingegen befahl er Mosché durch „Du aber steh bei mir", ihm ganz zu entsagen und ständig fürs Gotteswort bereit zu stehen.

14. *O. Eißfeldt z. St.:*[20]
(a) Nach der Geschichte von der Empörung Arons und Mirjáms hat Mose ein kuschitisches Weib genommen. Diese zunächst und zumeist als Äthiopin verstanden, hat den Exegeten viel Schwierigkeiten gemacht. Neuerdings begann man sich mehr und mehr vom Verständnis dieses Wortes abzuwenden und in Kusch einen irgendwie mit Midian zusammenhängenden Stamm zu erblicken, indem man dabei auf das in Hab 3:7 neben Midian genannte Kuschan verweist. Aus G. B. Grays *Commentary on Numbers* (1903) ersehe ich, daß schon Augustin diese Auffassung vertrat. [S. 61]

---

15 Ungefähr: minus mal minus gleich plus.
16 Zur Pflicht der Fortpflanzung siehe Anmerkung Nr. 8. Den Vätern ward Liebe, weil sie, obgleich ohne Auftrag, die Absicht des Schöpfers erkannten und selbst sein Werk voller Liebe pflegten.
17 Die Kommentare, z. T. in Zeiten der Verfolgung geschrieben, können nicht genug Vertrauen in die Zukunft ihrer Kinder einflößen, sowohl als Trost wie aus Dank für ihr „schönes jüdisches Leben", wodurch sie nicht wenig dazu beitrugen, daß es heute überhaupt noch Juden gibt.
18 Auf die afrikanische Schönheit will auch MaLBIM nicht verzichten. Es mag seine Ursache darin haben, daß so weit die Ausleger auch in die Geschichte denken und in die Welt um sich herum blicken konnten, die Völker schon lange Könige und Königinnen hatten und die Juden so lange noch keine. Die Sagen, daß Mosché von königlichem Geblüt gewesen war und in ein Königreich eingeheiratet hatte, fanden vielleicht deswegen solch offenes Gehör.
19 Mosché muß unbedingt schuldlos sein und war es wohl auch.
20 Den Ansichten eines Forschers wie Eißfeldt, wie fast haltlos sie uns auch dünken, gebührt mehr als einige Anmerkungen „unter dem Strich". Kurz beschäftigt sich mit ihnen MATERIAL Nr. 19d.

Eißfeldt	*Y. T. Radday*
(b) Die von Dillmann, Holzinger, Baentsch u.a. behauptete Uneinheitlichkeit scheint mir nicht bestritten werden zu können. Fraglich ist nur, wie man sie erklärt. Dillmann sah hier eine Komposition [aus verschiedenen Quellen], Holzinger nahm eine Grundlage an, die sekundär erweitert worden sei. Smend hat, die von ihm aufgezeigten Unebenheiten weiter verfolgend, zwei Berichte festgestellt, die sich in folgender Art voneinander unterscheiden.	Die Lehre von der Uneinheitlichkeit der Torá wurde schon um 1960, also schon vor Eißfeldts Tod, leicht angezweifelt und begegnet seitdem zunehmender Korrektur und Ablehnung, wozu der heute vorherrschende Zeitgeist in Kunst und Literatur beigetragen haben mag. Wir bewundern heute ohne Vorbehalt eine Zeichnung von Picasso, die einen Frauenkopf halb *en face* und halb *en profil* darstellt, ohne daß jemandem einfällt, diese Unstimmigkeit z. T. Picasso und z. T. einem ihn verbessernden Maler zuzuschreiben, nur fragen wir uns, was wohl Picasso mit dieser bewußten Abweichung von der Natur ausdrücken wollte. Eißfeldt ist auf dem rechten Wege mit genau dieser seiner Frage nach der Erklärung dieser Perikope, sucht aber keine eigenständige, sondern fährt blindlings in den Spuren seines Lehrers fort.
(c) Nach dem einen bestreiten die beiden Moses einzigartige prophetische Würde und werden zurechtgewiesen, Mirjam wird mit Aussatz geschlagen.	Alle waren Gegner Moschés: die geknechteten Hebräer, weil Pharao nach der ersten Audienz ihre Fron verschärfte, ja schon drei Tage nach dem Meereswunder und seitdem permanent sehnte sich das Volk nach der Knechtung, Tausende verrieten ihn, während er auf dem Berge weilte, sein Vetter mit seiner ganzen Sippe empörte sich gegen ihn, einmal war er sogar dem Selbstmord nahe (2.M. 32:32).
(d) Auf Arons Bitte legt Mose für sie Fürbitte bei Gott ein, Gott läßt sich erbitten, ordnet aber dabei an, sie solle sieben Tage aus dem Lager ausgesperrt werden, offenbar die Herkunft der Sitte, daß die geheilten Aussätzigen nach der Heilung noch so lange abgesondert sein müssen (vgl. Lev 14:8).	Die wie mit Scheuklappen versehene und orthodox gewordene Bibelkritik, krampfhaft nach Indizien suchend, daß die Torá in später Verstümmelung auf uns gelangt ist, glaubt hier ein Anzeichen dafür gefunden zu haben. Während sie lehrt, die *zaráat*-Vorschriften stammten seit der Offenbarung (3.M. Kap. 13ff.) und daß Mirjám 40 Jahre später erkrankte, stellt Smend die Reihenfolge auf den Kopf: Die Erkrankung ginge den Anordnungen voraus und diente den Jerusalemer Kohaním als Präzedenzfall, ein frommer Betrug zur Erhöhung ihres Prestiges. Daß Aharóns Rolle hier eher dazu angetan war, es zu vermindern, ist Smends Neuanordnung entgangen, und so baut er denn eine Hypothese auf das Fundament einer anderen. Horaz (*Oden* III, 4:51) kommt einem in den Sinn: „Vergebens streben die Brüder, [den Berg] Pelion auf Ossa zu stülpen".
(e) Nach der anderen Erzählung tadeln die beiden, daß Mose eine fremde Kuschitin genommen habe, und werden zur Rede gestellt. Die Worte „denn er hatte eine Kuschitin genommen" sind vielleicht Glosse, die an eine unterdrückte Erzählung von seiner Heirat anspielen will. Daß von diesem Anstoß erst jetzt erzählt wird, mag daraus zu erklären sein, daß [die jetzige Version] von einer [einstigen] abhängig ist.	Wenn alle Stricke reißen, bleibt immer noch der Notgriff nach dem Strohhalm „Glosse", um über Wasser zu bleiben: Was sich nicht auf den ersten Blick problemlos in den Text einfügt, wird von dieser „Wissenschaft" als „erläuternde Glosse eines späteren Lesers" an den Rand relegiert, die wiederum noch später irrtümlich in den Text Eingang fand. Dergleichen soll auch hier das Schicksal des störenden Nachsatzes gewesen sein. Dabei wird jedoch bequem übersehen, daß dieser keine „erläuternde Glosse" sein kann, weil er nichts erläutert, dafür aber wortwörtlich wiederholt, was der Text unmittelbar nebenan schon klipp und klar ausgesagt hat – und das ist *das* Problem. Wozu die Wiederholung?
(f) Zu beachten ist aber auch Smends Bemerkung, daß der wegen seiner nicht-israelitischen Frau gegen Mose erhobene Vorwurf in Wahrheit eine Bestreitung des Priesterrechts seiner Nachkommen bedeute und die Erzählung insofern den Gegensatz zwischen den sich von Aron ab-	Smend kann nicht leugnen, daß nirgends eine leiseste Andeutung zu finden ist, daß Aharón nicht von Moschés mit seinem Amt betraut worden sei und daß faktisch Moschés selbst es nie angestrebt habe. Mehr als das: Welcher von Aharóns zwei Söhnen erbte es – Eleasár oder Itamár? Nach 4.M. 25:12 Eleasárs Sohn Pinechás, der es sogar

leitenden Zadokiden des Jerusalemer Tempels und den Nachkommen Elis, die in Mose ihren Stammvater sahen, widerspiegele.	noch unter den Richtern bekleidete, und nach ihm seine Söhne. Itamár verschwand spurlos. In 1 Sam Kap. 1 stoßen wir auf den Hohepriester Elí, dessen Stammbaum die Schrift kaum erwähnt und der daher mangels gegenteiliger Information von Pinechás herrühren soll. Nach weiteren rund 150 Jahren begegnen wir einem Evjatár, vermutlich ebenso ein Nachkomme des Eli oder Pinechas – warum auch nicht? – und erst unter Davíd taucht ein Rivale namens Zadok auf, wohl aus einem anderen kohanitischen Clan, den Davíd mit der Hohepriesterwürde belehnt. Kohanitische Zweige muß es mittlerweile Dutzende gegeben haben: Rivalität hat gefehlt, Smend hält schwerlich einige von ihnen für Mafiosi. Dafür, was aus Evjatárs Linie geworden ist, sind wir auf pure, allerdings interessante Konstruktionen angewiesen, die wir hier lieber beiseite lassen, um nicht in Smends Fußstapfen zu wandeln, denn dieser mutmaßt wie folgt: Aharóns Nachkommen waren Itamar und Pinechas, Davids Günstling Zadok gehört zur Pinechas-Linie, Eli und Evjatár zu der „unterdrückten" Linie des Itamar. Das exegetische Verfahren Smends und seiner Nachfolger ist demnach das, was im Text geschrieben steht, aber überflüssig zu sein scheint, als Randglosse aus ihm hinauszuwerfen, was aber im Text nicht steht und zu fehlen scheint, als „später unterdrückt" zu markieren. Unsere Polemik, das sei betont, richtet sich nicht gegen Smend und noch viel weniger gegen Eißfeldt, sondern beabsichtigt, das unwissenschaftliche Vorgehen einer Schule zu entlarven, die sich ihrer Wissenschaftlichkeit rühmt.

15. ש. ל. גורדון. *S. L. Gordon z. St.*:
(a) Kusch ist Äthiopien. Josephus erzählt (*Altertümer* 2,10), Mosché sei als General von Pharao in den Krieg gegen den Feind Ägyptens dorthin gesandt worden und habe dort große Siege errungen. Danach habe er die dortige Prinzessin Tarbis geheiratet. Andere meinen, seine Frau sei eine Nordaraberin gewesen, denn auch diese Gegend trägt den Namen Kusch. Jedenfalls geht klar hervor, daß er eine fremde schwarze Frau heiratete und dies die Empörung seiner Geschwister hervorrief.[21]
(b) Die beiden waren neidisch auf ihren Bruder, der noch dazu jünger war als sie.[22]

(c) Es war üblich, daß ein Vater seinen Kindern ins Gesicht spie, wenn er sein Mißfallen ausdrücken wollte.[23]

16. *Aus dem Referat einer Studentin der Theologischen Fakultät einer deutschen Universität (stilistisch leicht verbessert und zum Teil gekürzt):*
Wir gewinnen hier einen leider seltenen Einblick in Mosis Privatleben. Vor unseren Augen spielt sich eine Familienszene ab:
Es gab Streit zwischen seiner Schwester und seiner Frau, wobei letztere selbstverständlich passiv bleibt – wie könnte sie denn als Midianiterin gegen die Schwester des Führers, die selbst als Prophetin gilt, etwas zu ihrer Verteidigung vorbringen? Was der Anlaß des Streits war, gibt der Verfasser uns nicht zu wissen. Da zweifellos ein Mann, denkt er, es bedürfe keines speziellen Anlasses, damit sich zwei Weiber in die Haare geraten, denn das liege in der weiblichen Natur, die zu kennen er vermeint. Unwillkürlich ist man an den Streit um den Vortritt in den Wormser Dom zwischen Brunhild und Kriemhild erinnert, wie er im Nibelungenlied steht.
In unserem Falle lassen sich allerlei Ursachen erraten, wobei alle mitgespielt haben können. Da ging es zuerst um Mosis Gunst, dann um die uns aus dem A.T. nur allzu gut bekannte Ausländerfeindschaft, Abscheu vor Men-

---

[21] Aus Gordons Kommentaren in leichtverständlichem Tel-Aviver Hebräisch bezogen leider die dortigen Schulkinder in den Dreißigerjahren ihre Bibelkenntnisse. Das meiste hat er aus allerlei nichthebräischen und damals dort nicht bekannten Kommentaren abgeschrieben, ohne eine klare Linie, traditionell oder im Gegenteil anti-traditionell, zu verfolgen. Sie sind hier zitiert, um der Ansicht zu begegnen, Juden würden niemals Unsinn über „ihr" Buch schreiben. Die Fabelprinzessin macht ihr erstes Auftreten, so scheint es, bei Josephus, der dadurch seine römischen Leser zu beeindrucken hoffte. Für Gordon ist alles „klar", während sich die mittelalterlichen jüdischen wie die modernen nichtjüdischen Exegeten mit dem Text abmühen, um aus ihm einen Sinn zu gewinnen.
[22] Neid als Motiv ist ausgeschlossen – siehe MATERIAL Nr. 14c.

[23] Leider verrät Gordon uns nicht die Quelle seiner Information. In der Bibel gibt es kein Beispiel und im späteren Judentum *a fortiori* erst recht nicht.

schen von dunklem Teint und Widerstand gegen Mischehen. Vielleicht dürfen wir noch tiefere vermuten. Miriam hatte nie geheiratet und war also kinderlos – kein Wunder, daß sie Zippora als Gattin und Mutter zweier Söhne beneidete. Sie mag auch Töchter gehabt haben, aber die bleiben wie gewohnt in der von Männern verfaßten Schrift ungenannt.

Es ist schwer zu entscheiden, für welche der Kontrahentinnen man Stellung beziehen soll. Gegen Mischehen kann unsereiner heute nichts mehr einwenden, da sie zur Verbrüderung der Menschheit beitragen, wobei wir auf Zipporas Seite stehen. Auch Miriam gebührt unsere Sympathie, weil sie so unkonventionell mutig war, freiwillig auf Ehe und Mutterschaft zu verzichten, um ihren Brüdern beizustehen. Es waren eben die Vorurteile ihrer Generation, die sie verbitterten. Eines ist unbestreitbar: der Schuldige ist Mose. Er nimmt überhaupt keine Partei, zieht sich schweigend aus der Affäre und sieht wahrscheinlich in all dem einen belanglosen Weiberzank.

Für diese Gleichgültigkeit wird er sogar noch belobt – sie wird hier Demut genannt. Auch Aron tut sich nicht hervor. Der ganze Sturm im Wasserglas wirft ein trauriges Bild auf die unwürdigen und für damals charakteristischen patriarchalischen Zustände.[24]

17. *P. Silverman, On the Stories of the Bible, S. 102:*
In einem Kapitel seines Buchs *Mimesis* befaßt sich E. Auerbach mit dem Unterschied zwischen der Erzählungsweise der Bibel und Homers. Dessen Helden bleiben schablonenhaft unverändert: Helena ist nach zehnjährigem Hunger im belagerten Troja weiterhin bildschön, Odysseus nach zwei Jahrzehnten der Irrfahrten immer noch im besten Mannesalter. Vor Problemen stehen diese Figuren nie, es sei denn, wie zu siegen, was zu erbeuten, auf welche Art eine Ehefrau zu verführen und wie eine Jungfrau zu schänden sei. Darin sind sie zwar nicht gottähnlich, aber ihren Göttern ähnlich. Wie ungleich sind die biblischen Gestalten! Problematisch und hintergründig, entwickeln und ändern sie sich. So steht es nicht nur mit Jakob und David, sondern auch z.B. mit Frauen wie Batseba und Miriam. Wenn wir nur den Pentateuch berücksichtigen, so spielt die letztere eine geringe, aber vieldeutige Rolle in den wenigen Malen ihres Erscheinens. Vor knapp 120 Jahren nach der biblischen Chronologie rettet sie liebevoll ihr Brüderchen vor dem Ertrinken, vor 80 tanzt und singt sie verzückt nach der Spaltung des Meeres, und kurz vor ihrem Tod – also alle 40 Jahre kommt sie einmal vor – gerät sie mit Moses in einen eigenartigen Streit. Seltsam ist und selten, daß sie unverheiratet blieb. Für ihre Behauptung, sie hätte göttliche Offenbarungen empfangen, finden sich Anhaltspunkte nur in der Legende, wo sie gelobt wird, weil sie aus Sorge um den Fortbestand der Hebräer ihre Eltern überzeugte, sich nicht des Geschlechtverkehrs zu enthalten trotz Pharaos Edikt, die Knäblein zu ersäufen. Ob sich diese Gegensätze dazu eignen, ein Bild von ihrer Persönlichkeit zu entwerfen? Schwerlich, aber gerade darum wirkt sie menschlich-plastisch.

18. *J. Milgrom z.St. (selektiv zusammengefaßt):*
(a) Moschés Einzigartigkeit ist das einzige Thema. Er steht im Kontrast zu seinen Geschwistern, die seine Führerrolle anfechten, und zu den späteren ekstatischen Propheten.

(b) Nach Ibn Esra kann כִּי *ki*, meist eine Konjunktion, einfach dazu dienen, mangels der bei uns üblichen Anführungszeichen eine direkte Rede zu eröffnen.

(c) Die Legende von seiner Heirat in Kusch ist wertlos. Der Widerstand gegen Zipporá beruhte auf ihrer eigenen Provenienz. Bemerkenswert ist, daß die Rabbinen daran nichts auszusetzen hatten, viel aber an Mirjáms Klatschsucht und Einmischung.

(d) Das Gebet ist chiastisch gebaut: fünf einsilbige aus je zwei Buchstaben bestehende Wörtchen mit dem wichtigsten im Zentrum. Transliteriert kommt das besser zur Geltung: *el na refá na la*.

19. *Y. T. Radday:*
(a) Das hebräische Wort für die Krankheit, die Mirjám befiel, ist צרעת *zaráat*, allgemein mit Aussatz übersetzt. Der Mediziner und eminente Talmudist J. Preuß (*Biblisch-talmudische Medizin*, 1911, Nachdruck 1969) und der Arzt C. J. Brin (1936) sind der Ansicht, es sei ein Sammelname für allerlei Hautkrankheiten und beziehe sich keineswegs bloß und nicht einmal vorrangig auf Lepra. In unserem Falle trifft die Lepra-Diagnose bestimmt nicht zu, denn die Kranke war schon nach wenigen Tagen geheilt.

Wie steht es also mit der biblischen צרעת *zaráat*? Sie kann, so 3.M. Kap. 13–14, Haut, Haar, ja Häuser befallen. Bei ihrem Auftreten spielt der Kohén eine auf den ersten Blick wichtige Rolle. Heutige Ärzte, in ihrem Beruf eminent, in Torá nicht unbedingt beschlagen, tun diese Rolle gern als Hokuspokus ab, Forscher auf anderen Gebieten suchen Parallelen in allen möglichen Glaubens- und Aberglaubenssystemen und freuen sich, auch in der Bibel im Kohén einen *witchdoctor* gefunden zu haben. Zu besserem Verständnis dieser Krankheit führt kaum einer dieser Wege – beispielsweise stehen diese Gelehrten ratlos vor dem Häuseraussatz. Den fungierenden Kohén einem afrikanischen Medizinmann gleichzustellen, ist wenig hilfreich, zumal alles, was jener tut, darin besteht, den Krankheitszustand festzustellen, eine Quarantäne zu verhängen und sich daraufhin von dem Patienten mit dem Wunsch „Auf gute Besserung" zu verabschieden. Erst nach der Genesung erscheint er abermals und nimmt ein Reinigungsritual vor. Zu unterstreichen ist, daß in Mirjáms Fall Aharón, der erste Kohén, nichts unternimmt, was einer Reinigung, geschweige denn einer Heilung, auch nur ähnelt. Beide sind Folgen eines Gebets und nicht einer Behandlung oder magischen Beschwörung. Ebensowenig tut Aharón das Geringste, was an die *zaráat*-Vorschriften in 3.M. erinnert. Dennoch meint Smend, Aharóns Vorgehen hätte seinen Ursprung in jenen: Eine Begründung für diese Ansicht liefert er nicht, geschweige denn einen Beweis.

---

[24] Kommentar erübrigt sich. Die Verfasserin darf kaum für ihre Sicht der hebräischen Bibel verantwortlich gemacht werden, dafür aber ihre Lehrer.

R. K. Harrison schreibt in *The Interpreter's Dictionary of the Bible* (s.v. *Leprosy*): „Die beschriebenen medizinischen Prinzipien stellen insofern einen nicht zu verachtenden Fortschritt im Vergleich mit zeitgenössischen Krankheitstheorien dar, als sie Zauberei total negieren und Krankheit entweder vom empirischen Standpunkt aus oder im Rahmen der psychischen Beziehung zwischen dem Kranken und Gott beurteilen. Das Prinzip persönlicher und sozialer Hygiene, wie sie 3.M. vorschreibt, ist beispiellos im Altertum als rationale Auffassung der Pathologie". Klar, daß Harrison den Torá-Text mit antiker und nicht moderner Medizin vergleicht.

Aber auch der so wohlwollende Harrison hätte spüren müssen, daß die *zaráat* überhaupt wenig mit Medizin zu tun hat. Dafür spricht schon das oben Gesagte, zu dem noch einiges hinzukommt: Die biblische *zaráat* ist nicht ansteckend; bedeckt sie den ganzen Körper, ist sie ein Zeichen der fortschreitenden Genesung; eine Untersuchung des Kranken findet nicht statt, denn der Kohén unternimmt nichts als Lokalaugenschein; am Schabbát, während der Hochzeitswoche und an Wallfahrtfesten, an denen doch die höchste Ansteckungsgefahr herrscht, darf *zaráat* nicht einmal diagnostiziert werden; ein Nichtjude kann nie als von ihr betroffen erklärt werden, und ein Jude nur, wenn er im Lande lebt; der Häuseraussatz, wenn in Jerusalem konstatiert, wird ignoriert; auch kann er keiner Synagoge anhaften. Die Torá sieht in der Veränderung am Körper, an der Kleidung und an der Wohnung die Konsequenz eines unstatthaften sozialen Verhaltens, wofür Mirjáms Erkrankung ein Schulbeispiel ist. Angesichts der Tatsache, daß ganze zwei Kapitel in 3.M. von *zaráat* handeln, tritt sie in der Bibel auffallend selten auf. Außer Mirjám litten unter ihr Moschè selbst für einen Augenblick (2.M. 4:6), ein aramäischer General (2 Kö Kap. 5) und vier namenlose Einwohner Jerusalems, die sich übrigens nie von den Gesunden zu separieren hatten. Der letzte Fall war König Usijáhu (2 Kö 15:1–2; 2 Chr 26:1–23), den es, nachdem er sich wie keiner seiner Vorgänger 26 Jahre lang ausgezeichnet hatte, als Gipfel seiner Erfolge nach der Priesterwürde gelüstete. Unbefugt betrat er das Heiligtum und verließ es „aussätzig". Während weiterer 26 Jahre leitete er die Regierungsgeschäfte isoliert von einer Zelle aus.

Die talmudische Literatur diskutiert zwar noch die צרעת *zaráat* akademisch, *in praxi* war sie in Vergessenheit gesunken, und wenn nicht ganz, dann nicht mehr aus medizinisch-ritueller, sondern nur noch aus moralischer Sicht. In seiner *Torá Temimá* schickt R. Barúch ha-Lewí Epstein dem Kap. 13 in 3.M. voraus: „Die Einzelheiten sind so zahlreich und so uralt, daß auch Gelehrte sich in ihnen nicht mehr zurechtfinden".

(b) Jetzt sei eine Anregung zu V. 1 aus S. R. Hirschs Kommentar aufgegriffen. In dieser Passage geht es um fünf Stolpersteine: (1) Bedeutet das nur 6x in der Torá vorkommende עַל־אוֹדוֹת *al-odót* wirklich „wegen"? (2) War denn Zipporá eine Kuschitin? (3) Weshalb wird dies gleich zweimal nebeneinander mitgeteilt, obgleich es allen anderen Erwähnungen widerspricht? (4) Warum ist sie zuerst *die* und nachher *irgendeine* Kuschitin statt umgekehrt? (5) Wie kann hier zwischen Haupt- und Nebensatz die zumeist mit *weil, denn* übersetzte Konjunktion כִּי *ki* stehen, was hier keinen Sinn gibt: Zwischen Haupt- und Nebensatz besteht kein kausaler Konnex.

(c) Hier sei vorausgeschickt, daß, weil im *textus receptus* Satz- und Anführungszeichen ausnahmslos fehlen, Feststellung und Frage, direkte und indirekte Rede, auch Ironie und Ernst sich nicht voneinander unterscheiden lassen. Dazu kommt, daß gegenüber den ca. hundert deutschen Konjunktionen und Relativpronomina Hebräisch zu vier Fünfteln mit אשר *aschér* als Relativpronomen auskommt und כִּי *ki* neben einigen selteneren Bedeutungen am häufigsten eine Kausalkonjunktion ist. Beides hat schon manchen Übersetzer, der sich nach der Frequenz richtet, zu Irrtümern geführt.

Beginnen wir mit (1) aus Abschnitt (b). Von den sechs Vorkommen ist der Sinn dieser, sagen wir „Präposition" in vier Fällen nicht „wegen", sondern „in jemandes Interesse". Der überwiegenden Mehrzahl folgend ist ihre angemessene Übersetzung hier „zuliebe der Zipporá" oder „in Wahrung und Wahrnehmung ihres Interesses". Dann aber sahen die Geschwister in der Schwägerin nicht einen Irritanten – an der legendären früheren nahmen sie sowieso keinen Anstoß. Diese aus Josephus' Bericht von Moschés angeblicher Militärkarriere stammende fiktive Fürstin erfand dieser Historiker wohl für seine römischen Leser zur Verherrlichung seiner Moschè-Figur, von wo sie dann auf dem Wege fabulierender Chroniken von der Legende als geschichtlich aufgenommen wurde. Daraus ergibt sich, daß die Frau, deren Partei die Geschwister nahmen, keine andere als die Midjaniterin Zipporá sein kann und daß ihre Bezeichnung als Kuschitin anders, d.h. nicht buchstäblich verstanden werden darf.

Wenn nun aber nicht buchstäblich, wie denn sonst? Bleibt nicht ein Farbiger ein Farbiger – siehe Jer 13:23? Wir erinnern an Avrahám, dessen Kebsweib die Ägypterin Hagár war, vier Generationen später schloß sich eine beträchtliche Anzahl ägyptischer Sklaven dem Exodus an, was 2.M. 12:38 ausdrücklich mitteilt, denn ihr Los war eher noch schlimmer als das der Hebräer. Auch waren Ägypten und Kusch (Sudan?) benachbart, sind oft nebeneinander genannt (vgl. Jes 20:3,4; 45:14; Nah 3:9; 1 Chr 1:8), und war Kusch wiederholt eine ägyptische Provinz, aus der Ägypten seine Sklaven/Sklavinnen importierte. Es liegt nahe, daß solche Ehefrauen zweiten Ranges und Ehen mit ihnen die Bezeichnung *kuschitisch* erhielten. Eine weit gefragte Ware und deren verbreitete nationale Eigenschaft nach ihrer Heimat zu nennen, ist ein bekanntes Phänomen (vgl. Mocca, Cognac, Pilsner, deutsche Ordnung, russisches Roulette).

Unter diesen Umständen leuchtet ein, daß Mirjám *in Wahrung von Zipporás Rechten* Moschè zur Rede stellte und anklagte, er verhielte sich so zu ihr wie ein Mann zu einer auf dem Markt gekauften „kuschitischen" Kebse, deren er überdrüssig geworden ist, unter Verletzung ihrer Privilegien. Man kann also Mirjáms Vorwurf so paraphrasieren: „... in Bezug auf die (d.h. deine, daher mit bestimmtem Artikel) ‚kuschitische Frau', als wäre sie [wirklich bloß] irgendeine (daher ohne Artikel!) solche kuschitische Frau und nicht die rechtmäßige, die man nicht *à la Kusch* behandelt". Damit scheinen die obigen Probleme (2), (3) und (4) gelöst zu sein.

Die Klippe besteht darin, daß כי *ki* (5), wie gesagt, oft routinemäßig und dann irrtümlich, als Kausalbindewort wiedergegeben wird. Obendrein leitet כי (im modernen Hebräisch וכי *we-chi*) auch eine rhetorische Frage ein, Buber übersetzt gelegentlich (in Ps 47 gleich 2x) mit dem emphatischen „Ja!.." (= „In der Tat!"), und Milgrom folgt dem Beispiel Ibn Esras, der gestattet, כי als Ersatz für das Anführungszeichen vor hebräischer direkter Rede überhaupt nicht zu übersetzen (vgl. MATERIAL Nr. 18). Zum Schluß sei darauf hingewiesen, daß das in V. 1 verdoppelte Verbum *lakách* (= nehmen) auch für *erwerben* dient, was „Kuschitin" als Status einer Nebenfrau ein weiteres Mal bestätigt.

Der kurzen Rede langer Sinn von V. 1 lautet mit Hirschs und Ibn Esras-Milgroms Hilfe neu formuliert folgendermaßen:

„Mirjám redete zusammen mit Aharón – wider Mosché in Sachen der [ihm höchst eigenen, vertraglich vollberechtigten] Frau aus Midján, die er geheiratet hatte [und jetzt in ihren Rechten beschneidet, als ob sie wie so viele andere auf dem Markt gekaufte ein aus Kusch importiertes Weib wäre ...], und sich zu Aharón wendend: „Ja, eine derartige hat er doch in Midján nicht auf kuschitische Art gekauft?"

Jetzt fragt sich nur noch, was Mosché der Zippora denn angetan haben soll, eine Frage, die freilich schon die allerälteste der zitierten Ansichten beantwortet und die Smend, weil ihm unbekannt, nicht berücksichtigt (oder zu widerlegen nicht vermochte).[25] Allerdings war Zipporá benachteiligt, aber in ganz anderer Weise, als da und dort vermutet wird, und deswegen ward Mirjám nicht zu ihrer Anklägerin, sondern zu ihrer Anwältin.

(d) Eißfeldts Analyse (MATERIAL Nr. 14a) gebührt wegen seines hohen Ansehens eine eingehende Reaktion. Es ist das Manko der Bibelforschung, daß sie die Ansichten der jüdischen Exegeten von Mischna-Zeiten bis zu den jetzigen israelischen fast vollkommen ignoriert, als ob 1800 Jahre der Vertiefung in die Schrift überhaupt nichts, auch nichts Falsches beigetragen hätte. Darin folgt Eißfeldt leider seinem ehemaligen Lehrer Smend soweit, daß er als seinen frühesten Gewährsmann in „A.T.-Exegese" – *incredibile dictu* – sich auf einen Kirchenvater beruft. Eine Änderung, d.h. ein Interesse an jüdischen Kommentaren und ihrer Rezeption, ist erst in den letzten Jahren zu beobachten.

(f) Es ist ein anerkanntes Spezifikum der narrativen Technik der Torá, den Leser/innen nichts über ihre *dramatis personae* mitzuteilen, außer was sie taten und sprachen, und jedem zu überlassen, daraus auf ihren Charakter zu schließen. So viel Mosché auch redete, so wenig wissen wir von seiner „Biographie" und seinem Innenleben. Hier, kurz vor seinem Tode, treffen wir auf die erste und letzte ausdrückliche Notiz über einen seiner Charakterzüge: seine „Demut". Über diese Rarität hinwegzulesen, wäre unser Verlust, weil sie angesichts der Armut des biblischen Vokabulars an Begriffen aus dem Bereich des Seelenlebens für viel mehr steht als für Moschés sprachlose Selbstbeherrschung gegenüber dem Angriff seiner Allernächsten: Er war ein asozialer Einzelgänger, ein Introvert, alles andere als eine Führernatur, wofür dem biblischen Vokabular nur das Wort Demut zur Verfügung steht. Der Vers klingt wie ein sein Leben zusammenfassender Nachruf Moschés auf sich selbst.

---

25 Man kann nicht umhin sich zu wundern, daß von allen Lösungen dieser schwierigen Passage, wo Mirjám entweder aus Solidarität mit Zipporá deren Gatten tadelt oder wegen ihrer Keckheit, Mangel an Diskretion und Klatschsucht getadelt wird, die zeitlich früheste wenigstens nicht so weit hergeholt ist wie die späteren, jedoch von der neuen Forschung nicht einmal einer schroffen Ablehnung gewürdigt worden ist.

1. LIMMÚD

Wie die Meister in der Heiligen Stadt Jerusalem den Meistern in der Stadt Athen deren Weisheit abschauten und so ihre eigene Weisheit und sich selbst samt ihren künftigen Gesellen vor dem Untergang bewahrten

Die Torá ist zu lakonisch, als daß ihre Anordnungen unter allen Zeitbedingungen zuträfen. Deswegen läuft sie Gefahr, ein Ausstellungsstück in einem Justizmuseum zu werden anstatt ein Lebenswegweiser für alle Zeiten zu sein. Also war es das dringendste Anliegen der *rabbanán* (= unsere Meister), die vor allem Juristen waren, die Schrift ohne, weil verboten, das Geringste an ihr zu verändern auf den jeweils neuesten Stand der Dinge zu bringen, mit anderen Worten, sie zu „erschließen". Dieser Prozess heißt bekanntlich Hermeneutik. Seine Ausführung ist das Prärogativ von *rabbanán*, den Juristen. Dringend wird ihre Aufgabe, wann immer das Judentum in nahe Berührung mit einer mit ihm konkurrierenden Kultur kommt, was zum ersten Male um 300 v.d.ü.Z. geschah, als mit Alexanders des Großen Einbruch griechische Weisheit Nahost überflutete. Schnell fielen ihr die ägyptische und mesopotamische Kultur mangels solcher Hermeneutik zum Opfer und mit ihnen ausnahmslos alle anderen und niedrigeren der Region – außer der jüdischen. Nur ihr gelang es zu überleben und die biblische „Schriftliche Lehre" so zu der sogenannten „Mündlichen Lehre" zu erweitern, zu entwickeln und, wohlgemerkt, ohne jene abzuändern, auszudehnen. Wie bewerkstelligten sie das? Wie gesagt, mittels Hermeneutik.

Hermeneutik ruht auf unanfechtbaren logischen und eindeutig formulierten Regeln, worin die griechischen Logiker den jüdischen Weisen weit überlegen waren. Es war erforderlich, die sozusagen hermeneutisch verschlossenen Torá-Vorschriften so zu entschlüsseln, daß ihnen sowohl Genüge getan als auch ihre Durchführbarkeit unter veränderten Lebensbedingungen garantiert wurde. Da galt es, die Normen der griechischen Logik zu lernen, um so dem Anprall des Griechentums mit seinen eigenen Waffen zu begegnen. Diese Regeln heißen hebräisch *middót*. Im Grunde gleicht der Vorgang gewissermaßen dem eines heutigen Rechtsstaates. Napoléons *Code Civil* ist in Frankreich weitgehend in Kraft, sah aber freilich nicht alle heutigen Eventualitäten voraus. Es obliegt der dortigen Judikatur, von ihm die Anwendung auf einen neuartigen Fall abzuleiten, nicht aber von ihm abzuweichen, was die Sache des Parlaments wäre. Ebenso funktioniert das jüdische Recht, außer daß die Torá keinem Parlament unterliegt, sich nicht abschaffen, sondern nur übertreten läßt.

Sieben solche *middót* erstellte um die Datenwende Hillel, und R. Jischmaél fügte sechs hinzu. Sie wurden schon in der Mischná kodifiziert, und sie sind es, denen die jüdische Lebensweise so viel zu verdanken hat, daß sie im täglichen Morgengebet Platz gefunden haben. Im folgenden werden Nr. 2, 4, 5, 12 und 13 ganz kurz vorgestellt und daraufhin Nr. 1 extensiv.

(2) *geserá schawá* (= Vergleich): Man schließt von einem Schriftwort auf ein anderes und ergänzt oder erhellt dieses aufgrund einer in beiden erscheinenden Redewendung, unter der logischen Einschränkung, daß sie nicht ein x-beliebiges Wort und möglichst ein Stichwort ist. Ein Beispiel folgt unten nach Nr. 1.

(4) *kelál u-ferát* (= *generaliter* und *speziell*): Folgen auf einen Oberbegriff einige Begriffe, die ihm unterliegen, darf er nicht exemplifikatorisch aufgefaßt werden. Beispiel: „Vom Vieh, vom Rind und vom Kleinvieh" (3.M. 1:2) – den Begriff Vieh auch auf andere Tiere außer den aufgezählten anzuwenden ist nicht statthaft.

(5) *perát u-chelál* (= *speziell* und *generaliter*) ist der umgekehrte Fall: Gehen die Einzelbegriffe dem Kollektivbegriff voran, umfaßt dieser auch die nicht aufgezählten. Beispiel: In 2.M. 22:9 wird die Verantwortung für ein ge- oder entliehenes Tier wie „Esel, Ochs, Lamm und jedes Vieh" geregelt, ob sie dem Eigentümer oder dem Ausleiher obliegt, was auch alle nicht genannten Haustiere miteinschließt, nicht aber Geräte. Ob aber auch ein gezähmtes Zebra, ob nur Säugetiere und nicht Geflügel u.ä., erfordert שאלת רב *scheelát rav* (= Nachfrage bei einem Gelehrten). Nachfrage betreffs eines geliehenen Fahrrads blamiert den fragenden Radler, weil das Gerät kein Vieh ist, und verärgert den Befragten.

(12) Der Sinn ergibt sich „aus dem Kontext oder Schlußwort": Weil „Stiehl nicht!" im Dekalog (2.M. 20:15) neben Kapitalverbrechen steht, muß Diebstahl auch ein todeswürdiges sein und kann sich hier deshalb bloß auf den Menschenraub (*hijacking*) beziehen. Jeden anderen Diebstahl verbietet 3.M. 19:11 und erfordert Rückerstattung plus Strafe.

(13) „Widersprechen einander zwei Verse, komme ein dritter und entscheide zwischen ihnen". Bei der Offenbarung am Sinai steht in 2.M. 19:20, ER selbst habe sich von hoch oben niedergelassen, aber Mosché entsinnt sich in 5.M. 4:36, die Stimme sei von himmelhoch erklungen. Die Entscheidung fällt 2.M. 20:19: „ER ließ die Himmel herab und sprach [aus ihnen]".

Nun ausführlich zu Nr. 1, genannt „*kal wa-chómer*" (= leicht und gewichtig), kurz *kwc*, im Römischen Recht *de minore ad maius*, auf Deutsch „Wenn hier so, dann dort erst recht". Der *kwc* kommt schon in der Torá selbst vor. In der Josséfgeschichte hatten die Brüder Korn in Ägypten erstanden und bar bezahlt, fanden aber zu Hause das Geld in ihren Ranzen, wo Jossé es als Geschenk hatte verstecken lassen. Im nächsten Jahre kamen sie wieder nach Ägypten und erstatteten den Betrag aus Ehrlichkeit zurück. Diesmal ließ Josséf beim Abschied einen kleinen Silberbecher in Benjamins Ranzen verbergen. Sein Adjutant setzte den Brüdern nach und „entdeckte" den Becher bei diesem. Vor Josséf des Diebstahls angeklagt, plädierten sie ungefähr so: „Die Beschuldigung ist unlogisch. Den uns nicht gebührenden Preis der vielen Säcke

Korn brachten wir ehrliche Leute dies Jahr zurück – und da sollten wir einen kleinen Becher stehlen?" (1.M. 44:8). Nebenbei: Sie stellten *kwc* auf den Kopf und schlossen vom Schwerwiegenderen aufs Leichtere.

So selbstevident ist *kwc*, daß es jedermann gestattet ist, danach zu urteilen, während die Anwendung der andern *middót* (= Regeln) dem Gericht vorbehalten ist. Ihm wiederum ist untersagt, seine Folgerung über das Maß der Prämissen auszudehnen. Diese Restriktion heißt *dajjó* (= genug daran). Eine zusätzliche Schranke ist dem *kwc* gesetzt: „Man strafe nicht gemäß einem mittels *kwc* gefällten Urteil", d.h. man benutze *kwc* nur in Zivil- und nicht in Strafverfahren, weil gerade wegen seiner so einleuchtenden Logik Fehlurteile möglich sind, die sich in kriminellen Fällen oft nicht rückgängig machen lassen. Der Laie wird meinen, solche Juristerei sei bestenfalls Sache eines Rechtsanwalts. Ein Paradebeispiel möge illustrieren, wie unumgänglich *kwc* ist, um einen Trugschluß zu vermeiden.

In 3.M. Kap. 18 sind jene weiblichen Mitglieder einer Großfamilie aufgezählt, mit denen – nicht nur aus inzestuösen Gründen – Geschlechtsverkehr verboten ist, darunter die Schwägerin, die Schwiegermutter und die Enkelin, doch überraschenderweise fehlt die Tochter! Daß ein Irrtum oder Versehen vorliegt, ist grundsätzlich inakzeptabel, weil nicht jedes unverständliche oder eigenartige Problem in der Torá mit dieser billigen Ausrede aus der Welt geschafft werden darf. Noch undenkbarer ist, daß die Schrift dem Mann einerseits seine Schwiegermutter verbietet, andererseits seine Tochter erlaubt. Hier bietet die Regel *kwc* einen Ausweg aus dem Engpaß: „Wenn die Tochter seiner Tochter ihm verboten ist, ein ‚leichter', d.h. *in praxi* seltener Fall, wie sehr erst seine eigene Tochter". Der Gedankengang ist logisch und einleuchtend, das Resultat wirklichkeitsnah und unwiderlegbar.

Erwartungsgemäß haben sich erzkonservative Kreise schon in vortalmudischer Zeit gegen diesen Umgang mit dem Gesetz gewehrt und geltend gemacht, man erleichtere oder erschwere es nach Belieben anstatt sich nur an seinen Wortlaut zu halten. Darüber entspann sich drei Jahrhunderte lang ein erbitterter Konflikt zwischen den meist zu den begüterten Schichten gehörenden *Zedukím* (Sadduzäer) und den populären *Peruschím* (Pharisäer). Deren geistige Führer waren es, die – im Gegensatz zu ersteren – einsahen, daß, wenn man nicht sowohl die Torá bewahrt als auch veränderten sozialen und nationalen Bedingungen Rechnung trägt, jene zum Fossil wird und ohne sie die Nation dem Untergang geweiht ist. Nun hatten aber zu Beginn in den gerichtlichen Behörden die *Zedukím* die Oberhand, bis die Situation über Nacht durch eine in bab. Pessachim 66a notierte Begebenheit ins Gegenteil umschlug.

Zum Verständnis dieses epochalen Umschwungs bedarf es dreier Vorbemerkungen. Erstens wurden im Jerusalemer Heiligtum nach dem spätestens am Nachmittag als letztes dargebrachten täglichen *tamíd*-Opfer die Tore geschlossen; zweitens war die Darbringung jedweden Opfers am Schabbát mit Ausnahme der für diesen Tag vorgeschriebenen untersagt; drittens soll das Péssach-Lamm, das jeder Großfamilie oblag, in der Dämmerung kurz vor Eintritt des Festes geschlachtet werden. In all dem waren sich beide Parteien einig. Nun traf eine in der Schrift nicht vorgesehene Koinzidenz ein: Das Fest fiel auf Schabbát. Wenn jetzt die Kohaním, die *Zedukím* waren, das für jedes Familienmitglied obligate Lamm wie vorgeschrieben in der Dämmerung darzubringen gestatteten, entweihten sie den Schabbát, der bereits eingetreten war. Wenn sie es dagegen noch vor dem *tamíd* am hellen Nachmittag erlaubten, übertraten sie das Pessach-Gebot. Infolge der Parole der *Zedukím* „Keine Auslegung!" waren sie am Ende ihrer Weisheit: Was immer sie auch tun, sie vergehen sich gegen die Torá. Die Gemará fährt fort (gekürzt und vereinfacht): „Man riet ihnen: Es gibt einen aus dem Ausland zugereisten Studenten namens Hillél, der bei [den pharisäischen Koryphäen] Schemajá und Avtalión hört. Man fragte ihn und er antwortete sofort: Vom Péssach heißt es ‚zu seiner Zeit' (4.M. 9:2) und vom *tamíd* auch ‚zu seiner Zeit' (4.M. 28:2). Gemäß *geserá schawá* [siehe oben Nr. 2] verdrängt daher das Pessachgebot das Schabbátverbot, ganz so wie das am Schabbátnachmittag dargebrachte *tamíd* den Schabbát verdrängt. Zum selben Schluß kam er sogleich mittels *kwc*: Die Unterlassung des Péssachgebotes unterliegt strengeren rechtlichen Folgen als die des Schabbátgebotes, somit geht jenes diesem vor. Sofort setzten sie ihn [wohl oder übel] ein als Präsidenten des Hohen Gerichts, worauf er [die *Zedukím*] zurechtwies: Was hat euch [diese Schmach] verursacht? Eure Unwilligkeit, bei den beiden [pharisäischen] Größten unserer Generation zu studieren. Kaum gesagt, fragten sie ihn noch etwas, aber er hatte die Antwort [, wie er sie von seinen Lehrern gehört hatte!] vergessen. Wir lernen daraus, man dürfe trotz überlegener Bildung einen Unwissenden nicht hochnäsig beleidigen."

Mit Hillels Ernennung begann der Niedergang der *Zedukím*, auch wegen ihrer Kollaboration mit den Römern, bis sie verschwanden, während die Denkungsart und Methode der *Peruschím* das Judentum vital erhalten hat. Daß das Epithet Pharisäer einen abwertenden Beigeschmack erhielt, hat nichts mit geschichtlicher Wirklichkeit zu tun und ist Umständen zuzuschreiben, die nicht zum hier behandelten Thema gehören. In Treue die Torá auszulegen und so vor jedem starren Fundamentalismus bewahrt zu sein – das ist keine Kleinigkeit.

2. LIMMÚD

Mischehen

Gegensätze ziehen einander an: Das bezeugt ein Blick auf Filme im Fernseher. Dort enden Liebesbeziehungen mit Ehebeziehungen infolge gegenseitiger Attraktion des Fremdartigen und Ehebeziehungen mit Scheidung infolge der Inkompatibilität des Eigenen mit dem Fremdartigen. Hiermit sind die Rollen des Kontrastes in der Liebe und des Konfliktes in der Ehe auf denselben Nenner gebracht.

Nun gebührt hier unser Interesse nicht der Liebe, sondern der Ehe und den Wegen, wie mögliche Tragik zu vermindern, wenn nicht gar zu vermeiden ist. Da gibt uns Schiller den guten Rat: „Drum prüfe, wer sich ewig bindet". Man schalte also prüfend beizeiten mögliche störende Faktoren aus, beispielsweise wähle man also eine Person ähnlich seiner eigenen sozialen, nationalen, religiösen usw. Zugehörigkeit, am besten den Sohn oder die Tochter vom Bauernhof nebenan. Leider hat so einer schon längst einer Schokoladenfabrik mit 1000 Arbeitnehmern Platz gemacht, wodurch die Wahl einige hundert Male quälender ward. Was Schiller selbst betrifft, so ist nicht bekannt, wie lange er prüfte, denn davon schweigen die Biographien, und wenn ausnehmend lang, ob die Prüfung sich in der Ehe bewährt hat.

Wie verhält sich nun das Judentum zur Ehe mit einer Person anderer Zugehörigkeit, kurz zur Mischehe? Weiß es besseren Rat als Schiller?

Der biblische Tatbestand ist überraschend eindeutig: Avrahám und Jaakóv gingen sowohl endo- wie exogame Ehen ein, Essáv heiratete zugleich zwei nicht einmal semitische Mädchen, Jehudá nacheinander zwei Kenaaniterinnen, Josséf eine adlige Ägypterin, Moschè eine Midjaniterin, eine von Davids Frauen war eine Prinzessin aus dem Golan, und Salomon ging eine politische Vernunftehe mit einer ägyptischen Königstochter ein. Die Aggadá mißbilligt solche Verschwägerung und unterzieht diese fremden Frauen kurzerhand einer postumen Konversion, wodurch sie kóscher wurden. Eine Ausnahme bildet Ruth, die Moabiterin, deren expliziter Wunsch, sich auch ohne oder zwecks Heirat dem Volk Israel anzuschließen, sie zum Vorbild aller echten Proselyten und zur künftigen Stammutter Davíds, seiner Dynastie und des erwarteten Messias macht. Charakter scheint demnach den Makel der Fremdheit aufgewogen zu haben. Ein Gegenbeispiel ist Schimschón. Weil Kraftmenschen wenig von Charakter halten, ist es kein Wunder, daß einer wie er sich sogar eine Braut aussuchte, deren Familie zu Israels Erzfeinden, den Philistern, gehörte. Übrigens hatten seine Eltern an seiner Wahl nur auszusetzen, daß die Männer der Sippe der Braut nicht beschnitten waren. Sie verriet ihn schon in der Hochzeitswoche. Mischehen waren also nicht verpönt, wenn auch wahrscheinlich sehr selten, und dann in wenig angesehenen Familien.

Bevor wir spätere Epochen ins Auge fassen, benötigt der Begriff Mischehe genauerer Definition. Zunächst ist festzuhalten, daß es sich in den obigen Fällen immer nur um die Ehe eines Mannes mit einer fremden Frau handelte und nie umgekehrt, und sodann, welche Frauen damals für fremd und welche heute dafür gelten. In 5.M. 7:2–4 wird Verschwägerung mit den sieben im Lande ansässigen kenaanitischen Volkstämmen untersagt, nicht aber mit den ausländischen Edomitern, Moabitern, Ammonitern, Aramäern, Philistern und Ägyptern –, und andere Nachbarvölker hatte das biblische Israel nicht. Dahinter liegt kein Rassismus, waren doch gerade die verbotenen Völker Semiten (außer den zweitletzt genannten) und sprachen eine westsemitische Sprache, fast identisch mit dem Hebräischen. Die Gründe des Verbotes der Verschwägerung mit nahen Nachbarn, während gegen eine mit entfernten nichts einzuwenden war, sind im vorliegenden Zusammenhang nicht von Belang. Soweit die Definition der weiblichen Fremdheit in der Torá. Zu einer Mischehe gehören aber zwei: eine fremde Frau und ein Jude oder umgekehrt. Juden zu definieren ist erheblich schwieriger – im Staate Israel sind darüber schon Regierungen ins Wanken geraten. Eine einfache Antwort liefert die Halachá: Jüdisch ist, wen eine Jüdin geboren oder wer sich einer Konversion unterzogen hat. Lassen wir die Konversion beiseite – sie ist ein Kapitel für sich. Aber wer ist eine jüdische Mutter? Doch nur eine, deren Mutter wieder jüdisch ist und diese wiederum, deren Mutter u.s.w. bis hinauf zu Sará! Jedenfalls setzt sich jüdische Herkunft matrilinear fort und berücksichtigt den Vater überhaupt nicht. Ob dabei die Erwägung *paternitas semper incerta est* mitgespielt hat, ist egal, solange ein jüdischer Vater seine jüdische Zugehörigkeit nicht vererbt, d.h. sich Patrilinearität nicht halachisch aus der Torá ableiten läßt.

Relevant ist die oben zitierte Stelle, welche lautet: „Verschwägere dich nicht mit einem [aus den sieben Stämmen], deine Tochter gib nicht seinem Sohn, seine Tochter nimm nicht deinem Sohn, denn *er* würde abwenden deinen Sohn von mir". Das klingt einfach und ist außerordentlich schwierig zu verstehen. Jetzt heißt es scharf nachdenken und den Gedankengang der Talmudweisen nachzudenken. Dabei hilft die graphische Darstellung.

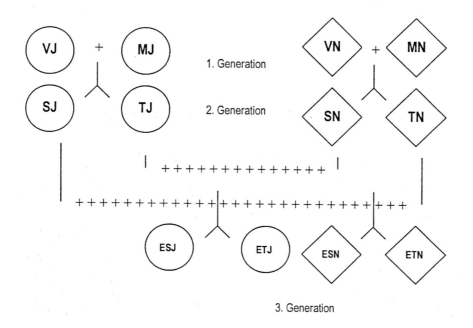

Legende

V = Vater	*S* = Sohn	*E* = Enkel	*J* (Ring) = jüdisch
M = Mutter	*T* = Tochter	+ = Ehepaar	*N* (Rhombus) = fremd

Die Stelle warnt vor „Abwendung" eines Kindes aus einer Mischehe. Es kann der genannte Vater der Sohn (*SJ*) einer jüdischen Familie (*VJ+MJ*) und Gatte einer Tochter (*TN*) fremder Herkunft (*VN+MN*) sein oder ein Sohn (*SN*) von fremder Herkunft (*VN+MN*) und Gatte einer Tochter (*TJ*) von jüdischer (*VJ+MJ*). Wie immer auch, einem der Söhne, (*SJ*) oder (*SN*), droht fremde Beeinflussung seitens einer Person, die, weil die Torá sie männlich (*er*) nennt, wieder nur entweder (*SJ*) oder (*SN*) sein kann. Theoretisch gedacht, sind also beide, (*SJ*) wie auch (*SN*), potentielle Verführer und/oder Verführte, da aber die Torá das nicht gemeint haben kann, so bleibt uns nichts übrig, als die verschiedenen Möglichkeiten durchzuspielen.

(a) Ein reziproker Verführungsversuch in der ersten Generation (*V+M*) der Großeltern scheidet sogleich aus, weil die Ehen der beiden Schwiegerelternpaare keine Mischehen sind. Ausgeschlossen ist auch, daß (*SJ*) Verführer und zugleich Verführter ist: Er kann höchstens der Verführte sein.

(b) Vielleicht wendet (*SJ*) den (*SN*) ab? Doch ist nicht nur (*SJ*) kaum daran interessiert, sondern es hieße dann sein Erfolg nicht Abwendung von jüdischer Zugehörigkeit, sondern Zuwendung zu ihr.

(c) Denkbar wäre umgekehrt die Abwendung des (*SJ*) durch (*SN*), aber eben nur denkbar. Denn dem (*SN*) fehlt jegliche Motivation (und Gelegenheit), so etwas anzubahnen, da man von nationaler Identität bei den vielen „fremden" kleinen kenaanitischen Stämmen in jenem kleinen Lande gar nicht reden kann, noch weniger von religiöser Identität, weil damals jedes Städtchen seinen lokalen Baal verehrte, der sich gleichzeitig vom Baal des benachbarten bestenfalls im Namen unterschied.

Eine sprachliche Bemerkung, bevor wir weiterspielen. Hebräisch hat kein Wort für *Kind* (im Neutrum), nur *ben* (= Sohn) für männliche und *bat* (= Tochter) für weibliche Nachkommen. Der Einfachheit und der Kürze halber dient *ben* für beide, z.B. schließt selbstredend *Benéj Jissraél* beide Geschlechter ein. Gleichfalls mangelt es an Vokabeln für *Enkel* – nebenbei: auch für Eltern (vgl. 2.M. 20:12). Die Folge obiger Eliminierug von (a), (b) und (c) und der besagten sprachlichen Eigenheiten ist:

(d) Die Rede ist von der dritten Generation (*E*). Zu ihr zählen die Kinder *ES* und *ET* aus der jeweiligen Mischehe *SJ+TN* und *SN+TJ*.

Wer ist es nun, der in den Verdacht gerät, die beiden Enkelpaare oder eines von ihnen – und dann welches – seiner Herkunft abspenstig zu machen? *SJ* ist es nicht: Die Idee eines einzigen, namenlosen, anspruchsvollen und unsichtbaren Gottes verurteilt jedes derartige „Missionieren" bei den Kenaanitern von selbst zum Scheitern, auch läge in ihm, wie gesagt, Zu- und nicht Abwendung. Gefahr liegt bloß in der Anziehungskraft *SN*s kenaanitischer Lebensart. Darum gehört die Besorgnis der Schrift den Kindern der jüdischen Tochter (*TJ*), Frau eines *SN*. Es sollen zuerst die Kinder der Tochter gesichert sein, der ja die Erziehung im ersten Jahrzehnt zum großen Teil obliegt. Kein Wunder, daß V. 4, wo die Gefährdung zum Ausdruck kommt, mit der Eventualität einer fremden Schwiegertochter beginnt. Aus all dem folgt der Grundsatz der matrilinearen Abstammung. Zusammenfassend darf man behaupten, daß der Gedankengang der Halachá, wie er hier skizziert ist, logisch ist, daß nur er der schwierigen Stelle gerecht wird und dabei familiäre Beziehungen und erzieherische Bedingungen richtig beurteilt. Daß er heute Schwierigkeiten bereitet, ist schon hier vorauszusehen.

Das Fazit ist: Eine Ehe zwischen einer Jüdin und dem Sohn einer Nichtjüdin, auch wenn sein Vater Jude ist, sowie zwischen einem Juden und der Tochter eines jüdischen Vaters und einer nicht-jüdischen Mutter ist rabbinisch gesehen eine Mischehe. Das Resultat bedeutet Matrilinearität in Fragen der „Jüdischkeit" – nicht aber in Fragen der Herkunft innerhalb der Judenheit. Diese ist patrilinear bestimmt: Nur der Sohn eines Kohén ist ein Kohén und die Tochter eines Kohén ist eine Kohénet, solange sie nicht verheiratet ist, aber sie vererbt die Kehunná nicht.

Nach diesem schwierigen Exkurs in die Juristik zurück in die Geschichte. Solange eine Volksgemeinschaft ihrer selbst sicher ist, hat sie von Mischehen nichts zu befürchten. Solche Selbstsicherheit verloren die Juden, als sie aus dem babylonischen Exil Mitte des 5. Jhs. v.d.ü.Z. zurückkehrten und eine Minorität innerhalb der „Samarit(an)er" genannten Einwohner bildeten, die sich mittlerweile in ihrer alten Heimat angesiedelt hatten. Zwei Faktoren kamen hinzu: Letztere standen, inzwischen „eingeboren", wirtschaftlich besser, auch war die Zahl der Frauen unter den Rückkehrern, wie üblich unter Immigranten, gering. Mischehen standen auf der Tagesordnung, die nationale und religiöse Zukunft stand auf dem Spiel. Esrá und Nechemjá dehnten deswegen das Interdikt der Vermischung von den sieben Stämmen, von denen ohnehin der Großteil nicht mehr existierte, auf alle, die nicht von einer Jüdin oder einer übergetretenen Frau geborenen sind, und das ist heute der Standpunkt der Halachá. Ihr zufolge ist im Staate Israel als Konzession eine im Ausland geschlossene Zivilmischehe zwar offiziell anerkannt, rabbinisch gesehen aber der Halachá zuwider.

Die Konsequenz ist, daß dort eine Scheidung zwischen jüdischen Partnern relativ einfach ist, es jedoch für im Ausland Zivilgetraute und Mischehen gar keine Instanz gibt, sie auszusprechen. Ein mutiger Ansatz ist, in Härtefällen das permanente Zusammenleben eines Paares ohne Zeremonie vor Rabbinat oder Magistrat als eine *de facto* Ehe mit allen Rechten und Pflichten einer offiziell eingegangenen, z.B. in Pensions- und Erbschaftsdingen, zu akzeptieren. Die konservative und die Reform-Richtung streben Anerkennung der patrilinearen Herkunft an, bisher ohne Erfolg, weil dadurch der Nation eine schwere religiöse Spaltung droht, da in ihr Partner matrilinearer jüdischer Herkunft und solche aus patrilinearer rabbinisch keine Ehen schließen können. Hilfreich wäre auch hier eine Entwicklung der Halachá, wofür in anderen Bereichen im Talmud Vorbilder bestehen, doch ist leider eine solche seit rund 1800 fast zum Stillstand gekommen.

Da und dort herrscht die Ansicht, Mischehen und Erleichterung der Konversion für ein so kleines und immer wieder der Lebensgefahr ausgesetztes Volk seien zuträglich, besonders nach den fürchterlichen Verlusten, die es vor nicht langer Zeit erlitten hat. Andere bringen vor, Mischehen seien nach langer Inzucht auch genetisch geboten, und wieder andere, „fremde" Konvertiten, die sich *bona fide* dem Judentum anschließen, wären vielleicht imstande, gebürtigen jüdischen Partnern, die sich dem Judentum entfremdet haben, „die Augen zu öffnen". Als eine „Religion der Vernunft" – siehe Hermann Cohen – hätte sie dem rat- und hilflosen westlichen 21. Jh. viel zu bieten.

Leser und Leserinnen in unserer verwirrten Welt dürfen hier nicht eine Empfehlung erwarten, ob eine Mischehe einzugehen sei oder nicht – das wäre zuviel verlangt und vergeblich. Die Entscheidung muß ein jeder für sich selbst treffen. Ist sie positiv, so sei nur bemerkt, daß auch dann ein „jüdisches Haus" zu führen möglich ist, und darauf kommt es an. Tritt gemeinsames Torá-Studium der Partner hinzu, umso besser, denn, wie die Weisen lehrten, „es bringt die Herzen einander näher".

THESE

Für die Juden sind Mischehen:
- der Anfang vom Ende;
- notwendig zur genetischen Auffrischung;
- im Ausland mit Recht gestattet, aber in Israel mit Recht verboten.

Das Resultat ist typische jüdische Arroganz; ein getarntes Mittel, Mission zu betreiben. – Man diskutiere!

ANEKDOTE

Sam (= Schmúel, d.h. Samuel!) Cohen, Sohn des Rechtsanwalts Monty (= Mosché, d.h. Moses!) Cohen, New York, meldet seinem Vater telefonisch: „Daddy, ich heirate!" – „Na endlich, da wird sich Mammy freuen! Wie heißt die junge Dame?" – „Iris." – „Wie noch?" – „O'Hara." – „Sammy, das darfst du Mammy und mir nicht antun – sie ist ja Katholikin! Wenn du das tust, werf' ich dich aus der Firma hinaus. Weißt du denn nicht, daß so eine nur Unfrieden in ein jüdisches Haus bringt?" – Die Liebe ist groß, die Firma floriert, speziell durch Sam, Iris konvertiert bei einem frommen Rabbiner, die Hochzeit findet statt, das Paar kehrt von der Hochzeitsreise zurück. Sam steht morgens auf, küßt die verschlafene Iris und verabschiedet sich. „Darling, wohin gehst du denn?" – „Ich fahre ins Büro wie jeden Tag." – „Hast du vergessen, daß heute Samstag ist?" – „Na und?" – „Wir Juden dürfen doch am Samstag nicht ins Büro gehen und noch weniger dorthin fahren!" – „Das gilt ja heutzutage nicht mehr, mein Schatz." – Iris heult. „Ich hab' es meinem Rabbi versprochen … Wenn Du heute ins Büro gehst, dann liebst du mich nicht mehr." – Sam telefoniert: „Daddy, ich kann heute nicht ins Büro kommen." – „Was ist passiert, Sammy? Die liebe Iris ist doch nicht krank, Gott behüte?" – „Nein, aber es ist Samstag und …" – „Das weiß ich selbst." – „Und Iris sagt, die Juden dürfen am Samstag nicht ins Büro fahren." – „Siehst du? Hab' ich dich nicht gewarnt: Eine Nichtjüdin bringt nur Unfrieden in ein jüdisches Haus?"

HANDREICHUNG

Diese scheinbar belanglose Episode von 14 Versen, von denen hier nur sieben „gelernt" werden, wird immer schwieriger, je genauer man es beim Lesen mit ihr nimmt. Umso vortrefflicher eignet sie sich zu einem Vergleich zwischen der rabbinischen und der „wissenschaftlichen" Methode. Selbstredend läßt sie sich auf die gewohnte Weise durchnehmen, wobei dann am besten mit den eher peripheren FRAGEN der Gruppe A zu beginnen ist. Dabei werden sehr bald den Lernenden Unstimmigkeiten, Widersprüche und „Nähte" auffallen, für die das MATERIAL eine reiche Auswahl von Lösungen vorlegt, ein wahrlich frustrierendes Puzzle, dessen Teilchen sich zu keinem Bild zusammenfügen. Es ist zu hoffen, daß sie, keine Neulinge mehr, sich nicht zufrieden geben mit der These, die Torá lehre hier Rassismus, Frauenhaß, Wettbewerb und neidischen Zwist. Ist Gruppe A, obzwar höchst widersprüchlich und unbefriedigend, behandelt worden, gehe man zu Gruppe B (Nr. 11–15) über, die sich mit den Kernproblemen beschäftigt. Ein alternativer und mehr herausfordernder Ansatz ist der folgende: Die Studierenden mögen aufzudecken versuchen, was sich wirklich zugetragen hat, so wie Sherlock Holmes einen mysteriösen Vorfall rekonstruiert. Dabei sollen sie „sportlich" vorgehen und nicht spielverderbend sogleich im MATERIAL blättern. Ein Detektiv verhöre die vier Personen separat, wobei es deren Rolle ist, soviel wie möglich, aber ohne zu lügen, zu vertuschen, seinen Fragen auszuweichen, die eigene Verantwortung auf andere abzuwälzen u. dgl., was sie auch in Realität täten, wenn Dinge ans Tageslicht kämen, die sich „im Zelt" abspielen. Zusätzliche Anweisungen für Regie, Dialog und andere Details vorzuschlagen ist nicht die Aufgabe einer HANDREICHUNG, und mehr über die Art der Dramatisierung zu sagen übersteigt ihren Rahmen. Am Ende des Einakters wird Einsicht in die Quellen genommen. Je spannender er ist, desto größer der Genuß der Teilnehmer an einem Erfolgserlebnis.

DER DANK DES BAUERN

5.M. 26:1–11   דברים כו, א־יא
Buber-Rosenzweigs Übersetzung

Es sei:	1	וְהָיָה
wenn du in das Land kommst, das ER dein Gott		כִּי־תָבוֹא אֶל־הָאָרֶץ אֲשֶׁר יהוה אֱלֹהֶיךָ
dir als Eigentum gibt,		נֹתֵן לְךָ נַחֲלָה
du ererbst es, siedelst darin,		וִירִשְׁתָּהּ וְיָשַׁבְתָּ בָּהּ:
nimm vom Anfang aller Frucht des Bodens,	2	וְלָקַחְתָּ מֵרֵאשִׁית כָּל־פְּרִי הָאֲדָמָה
die du bekommst aus deinem Lande,		אֲשֶׁר תָּבִיא מֵאַרְצְךָ
das ER dein Gott dir gibt,		אֲשֶׁר יהוה אֱלֹהֶיךָ נֹתֵן לָךְ
legs in die Mulde,		וְשַׂמְתָּ בַטֶּנֶא
geh zu dem Ort, den ER dein Gott wählt,		וְהָלַכְתָּ אֶל־הַמָּקוֹם אֲשֶׁר יִבְחַר יהוה אֱלֹהֶיךָ
seinen Namen dort einwohnen zu lassen,		לְשַׁכֵּן שְׁמוֹ שָׁם:
komm zu dem Priester, der es in jenen Tagen sein wird,	3	וּבָאתָ אֶל־הַכֹּהֵן אֲשֶׁר יִהְיֶה בַּיָּמִים הָהֵם
sprich zu ihm:		וְאָמַרְתָּ אֵלָיו
Ich melde heuttags IHM deinem Gott,		הִגַּדְתִּי הַיּוֹם לַיהוה אֱלֹהֶיךָ
daß ich in das Land gekommen bin,		כִּי־בָאתִי אֶל־הָאָרֶץ
das ER unsern Vätern zuschwor uns zu geben.		אֲשֶׁר נִשְׁבַּע יהוה לַאֲבֹתֵינוּ לָתֶת לָנוּ:
Der Priester nehme die Mulde aus deiner Hand,	4	וְלָקַח הַכֹּהֵן הַטֶּנֶא מִיָּדֶךָ
er lege sie vors Antlitz SEINER deines Gottes Schlachtstatt.		וְהִנִּיחוֹ לִפְנֵי מִזְבַּח יהוה אֱלֹהֶיךָ:
Du aber stimm an,	5	וְעָנִיתָ
sprich vor SEINEM deines Gottes Antlitz:		וְאָמַרְתָּ לִפְנֵי יהוה אֱלֹהֶיךָ
Abgeschweifter Aramäer mein Ahnvater,		אֲרַמִּי אֹבֵד אָבִי
er zog nach Ägypten hinab,		וַיֵּרֶד מִצְרַיְמָה
er gastete dort, wenige Leute,		וַיָּגָר שָׁם בִּמְתֵי מְעָט
er wurde dort zu einem Stamm,		וַיְהִי־שָׁם לְגוֹי
groß, markig und zahlreich,		גָּדוֹל עָצוּם וָרָב:
übel taten uns die Ägypter, sie bedrückten uns,	6	וַיָּרֵעוּ אֹתָנוּ הַמִּצְרִים וַיְעַנּוּנוּ
harten Dienst gaben sie uns auf,		וַיִּתְּנוּ עָלֵינוּ עֲבֹדָה קָשָׁה:
wir schrien zu IHM, dem Gott unsrer Väter,	7	וַנִּצְעַק אֶל־יהוה אֱלֹהֵי אֲבֹתֵינוּ
ER hörte unsre Stimme,		וַיִּשְׁמַע יהוה אֶת־קֹלֵנוּ
er sah unsre Bedrückung, unsre Mühsal, unsre Qual an,		וַיַּרְא אֶת־עָנְיֵנוּ וְאֶת־עֲמָלֵנוּ וְאֶת־לַחֲצֵנוּ:
ER führte uns aus Ägypten	8	וַיּוֹצִאֵנוּ יהוה מִמִּצְרַיִם
mit starker Hand, mit gestrecktem Arm,		בְּיָד חֲזָקָה וּבִזְרֹעַ נְטוּיָה
mit großer Furchtbarkeit,		וּבְמֹרָא גָּדֹל
mit Zeichen und mit Erweisen,		וּבְאֹתוֹת וּבְמֹפְתִים:
ließ uns kommen an diesen Ort,	9	וַיְבִאֵנוּ אֶל־הַמָּקוֹם הַזֶּה
gab uns dieses Land,		וַיִּתֶּן־לָנוּ אֶת־הָאָרֶץ הַזֹּאת
Land, Milch und Honig träufend.		אֶרֶץ זָבַת חָלָב וּדְבָשׁ:

| Ki Tavó | Der Dank des Bauern | כִּי תָבוֹא |

Und nun,   10
da lasse ich den Anfang der Frucht des Bodens dir zukommen,
die mir gegeben hast DU.
Lasse sie vor SEINEM deines Gottes Antlitz ruhn,
wirf dich nieder vor SEIN deines Gottes Antlitz,
freue dich an all dem Guten,   11
    das ER dein Gott dir und deinem Hause gab,
du, und der Lewit, und der Gastsasse,
    der in deinem Innern ist.

וְעַתָּה הִנֵּה
הֵבֵאתִי אֶת־רֵאשִׁית פְּרִי הָאֲדָמָה
אֲשֶׁר־נָתַתָּה לִּי יְהֹוָה
וְהִנַּחְתּוֹ לִפְנֵי יְהֹוָה אֱלֹהֶיךָ
וְהִשְׁתַּחֲוִיתָ לִפְנֵי יְהֹוָה אֱלֹהֶיךָ׃
וְשָׂמַחְתָּ בְכָל־הַטּוֹב
אֲשֶׁר נָתַן־לְךָ יְהֹוָה אֱלֹהֶיךָ וּלְבֵיתֶךָ
אַתָּה וְהַלֵּוִי וְהַגֵּר
אֲשֶׁר בְּקִרְבֶּךָ׃

כי תבוא Der Dank des Bauern Ki Tavó

FRAGEN

1. Das ist also das Erntefest der Torá, wie ein solches ja auch fast alle Völker feiern, die Landwirtschaft betreiben. Bei aller Ähnlichkeit fallen dennoch einige Besonderheiten auf, die am besten gleich zu Beginn geklärt werden, bevor man auf Einzelheiten eingeht. Z.B. fehlt hier, im Unterschied zu allen anderen Festen, die die Torá kennt, die Angabe des Datums, auf welches es fällt.

2. Warum ist von der Darbringung der Erstlinge ausgeschlossen, wer sich redlich durch seiner Hände Arbeit um die Ernte verdient gemacht hat, und warum ist nur der möglicherweise abwesende Eigentümer berechtigt, beziehungsweise verpflichtet, der vielleicht seinen Boden jahrelang nicht aufgesucht hat?

3. Sind z.B. ein neugeborenes Zicklein und die ersten Erdbeeren der Saison darbringbar?

4. Ist die Quantität ausschlaggebend, d.h. je mehr, desto besser?

5. In Jerusalem müssen während der Sommermonate, der kommerziellen Hauptsaison, die Läden voller Käufer aus der Provinz gewesen sein. Nur die Herbergen hatten wohl kaum viel Anteil am Geschäft, denn die Zeremonie konnte ja nicht lange gedauert haben, und danach (und nach Einkauf von Geschenken u.dgl.) kehrte ja jeder Pilger/Bauer nach Hause zurück, denn die Arbeit rief.

6. Was geschah nach der Ankunft der Prozessionen von *bikkurím*- (=Erstlingsfrüchte) Bringenden am Ziel?

7. Der Pilger hatte den in der Paraschá geschriebenen Spruch zu rezitieren. Was für eine Bewandtnis hatte es mit ihm? Ein stereotyper Satz, nicht mehr, den jeder zu deklamieren hatte.

8. In diesem Spruch behauptet der Sprecher, er sei von aramäischer Abstammung. Das ist doch grundfalsch.

9. Der Spruch wird überraschenderweise am *séder schel péssach* vorgetragen und kommentiert. Aber er hat doch mit dem Auszug aus Ägypten, dem Anlaß des Péssachfestes, nicht das Geringste zu tun, sehr viel dagegen mit der Darbringung der *bikkurím*, die frühestens sieben Wochen nach Péssach beginnen darf. Liegt hier ein Irrtum vor?

10. Es scheint also tatsächlich so, daß die Darbringung der Erstlinge, im Grunde eine einleuchtende Sitte unter Landwirten, in der Schrift, im rabbinischen Schrifttum und in den jüdischen Bräuchen Hintergründe hat, die auf den ersten Blick und sogar beim zweiten Lesen des Textes nicht zu erkennen sind. Da möchte man ein bißchen mehr wissen von dem, was sich da abspielte.

11. Die Torá ist nüchtern und streng in ihren Vorschriften. Beispielsweise hier: Einerseits erwartet sie – mit Recht – tiefe Dankbarkeit für das Geschenk dieses Landes, andererseits tut sie einiges, was ihren Ausdruck bremst, indem sie ihm qualitativ und quantitativ enge Grenzen setzt: Erlaubt sind nur „Kostproben" von höchstens sieben pflanzlichen Gaben, Öl und Wein sind ausgenommen, die Spendung ist nur einem einzigen Mitglied einer Großfamilie gestattet und mehr Einschränkungen dieser Art. Was steckt hinter dieser Sparsamkeit?

12. Im Gegensatz zu dem, worüber sich die vorige FRAGE wundert, gebietet die Schrift wiederholt grenzenlose Freude, als ob Freude überhaupt befohlen werden könnte.

Ki Tavó — Der Dank des Bauern — כי תבוא

LEITBLATT

1. Daß ein Datum fehlt, zeigt schon, daß wir es nicht mit einem nationalen Erntefest zu tun haben, an dem alle teilnehmen, obzwar es diesen Anschein hat. Weitere Beweise für den Irrtum sind, daß die vorliegenden Vorschriften nur in Erez Jissraél gelten, und zwar nur wenn das Jerusalemer Heiligtum besteht (MATERIAL Nr. 4a), aber dann auch in einem Trockenjahr; daß nicht jede Erstlingsfrucht dargebracht werden darf (MATERIAL Nr. 10b), und nur durch den Eigentümer des Bodens (MATERIAL Nr. 1b), obwohl er ihn vielleicht gar nicht bearbeitet hat, doch nicht von dem, der eventuell für Jahrzehnte sein Pächter war (MATERIAL Nr. 6). Dagegen steht frei, nach Belieben irgendwann, ungefähr zwischen Mitte Mai und Mitte Oktober, darzubringen (MATERIAL Nr. 2d). Die Pflicht der Darbringung begann übrigens erst, nachdem alle aus Ägypten ausgezogenen Stämme angesiedelt waren (MATERIAL Nr. 2a). Jetzt weiß der Fragende immer noch wenig, aber zumindest, daß er nicht die Bräuche eines Erntefestes studiert. Es geht um etwas ganz anderes – aber worum? Wenn ihn dieses Kuriosum interessiert, muß er weitere FRAGEN stellen.

2. Das erhellt schon die Antwort auf FRAGE Nr. 1. Hier geht es eben nicht um ein Erntefest, sondern um eine alljährliche, volkstümliche und dabei individuelle Zeremonie der Dankbarkeit für mehr als Bodenertrag: um die Befreiung aus Knechtschaft und die Seßhaftigkeit in diesem und keinem anderen Lande. Worin diese Zeremonie mit ihren sieben Bestandtteilen besteht, faßt MATERIAL Nr. 4e kurz zusammen. Anwesenheit und Teilnahme an den Festlichkeiten, an dem Zug zum Heiligtum, am Mahl und an der Freude sind willkommen, gewisse Tätigkeiten dürfen sogar Knechte u.a. ausführen (MATERIAL Nr. 6), den Dankspruch für erfahrenes Glück zu rezitieren ist allerdings dem Eigentümer vorbehalten. Erst die „späteren" Kommentatoren sind sich in diesem Punkt uneinig (MATERIAL Nr. 7).

3. Nein. Fleisch, lebendig oder geschlachtet, kommt bei der ausgesprochen vegetarischen Neigung der Torá überhaupt nicht in Frage. Es ist gut möglich, daß dieser strengen Restriktion ein tieferer Gedanke zugrunde liegt: Für das, was natürlich wächst, ist des Landwirts Dank berechtigt, der Tötung von Lebewesen – auch zum Zwecke seiner Ernährung – enthalte er sich lieber, und Dankbarkeit für getötete Tiere ist bestimmt nicht am Platze. Indirekt gibt uns die Torá zu wissen, daß die Schöpfung Gottes der menschlichen Herrschaft nicht ausgeliefert ist, wie Halbwissende aus einer Redewendung in 1.M. Kap. 1 irrtümlich entnehmen. Diesen Gedanken führt MATERIAL Nr. 11 aus. Kurz, zur *bikkurím*-Darbringung eignen sich nur jene „sieben Arten", die im Lande einheimisch und die billigsten sind – siehe MATERIAL Nr. 2b und 4b.

4. Nein, gemäß MATERIAL Nr. 4c.

5. Im Gegenteil, denn zu der „Pilgerschaft" – die Bezeichnung ist vielleicht ungenau, weil das allgemein gültige und gemeinsame Datum, wie es für Péssach und Sukkot vorgeschrieben ist, fehlt – gehörte mindestens eine Übernachtung in Jerusalem (MATERIAL Nr. 4e). Ob die Vorschrift dabei daran denkt, daß Jerusalem, im hohen, sich für Ackerbau nur mäßig eignenden Bergland und von Meer und Häfen entfernt liegend, wasserarm und bar von Bodenschätzen, wirtschaftlich seit je (und auch heute noch) zurückgesetzt und deswegen auf Pilger-, Fremden- und Touristenverkehr angewiesen ist, können wir nur vermuten, aber die Herbergen waren gewiß ausgebucht..

6. Das beschreibt MATERIAL Nr. 1d.

7. Bedanken für eine Gunst kann sich nur ihr rechtmäßiger Empfänger, hier der Eigentümer des Bodens. Aufsagen mußte er den Spruch selbstverständlich so, wie er geschrieben steht, und zwar hebräisch und nicht aramäisch, der Landessprache in den letzten zwei bis drei Jahrhunderten vor dem Fall des Zweiten Heiligtums. Es war also anzunehmen, daß er ihn nach der alljährlichen Feier seines persönlichen Freudenfestes auswendig kannte. Wenn nicht, gab man ihm den Text zu lesen. Konnte er nicht lesen, sprach ihm der Kohén den Text vor – siehe MATERIAL Nr. 1e. Das war wohl der Höhepunkt des Tages, was aus MATERIAL Nr. 1d hervorgeht.

8. Darüber gehen Midrásch und Pschát (wörtliche Auffassung, die den realen Gegebenheiten und nicht dem weither geholten Gedanken eines Auslegers entspricht) auseinander, wie einerseits MATERIAL Nr. 2c und zum Vergleich Nr. 3 und 5 zeigen.

9. Textschwierigkeiten Kopisten in die Schuhe zu schieben und dann ohne zu zögern mit Hilfe von Textänderungen zu lösen gleicht einem Arzt, der ratlos vor einem Befund stehend, diesen *faute de mieux* ändert. Aber es sei eingestanden, daß die Sache eben dennoch verwundert. Eine verbreitete Ansicht ist folgende: Es kam nicht selten vor – siehe die Antwort zu FRAGE Nr. 7 –, daß ein Landwirt aus der Provinz nicht gerade hochgelehrt und kaum imstande war, am Séderabend den alljährlich sich ändernden mündlichen Diskussionen über den Exodus zu folgen, aber den Dankspruch kannte er, ja, er konnte ihn meist auswendig. Um ihn teilnehmen zu lassen, wählte man aus Takt als Ausgangspunkt der Erörterungen ein paar hebräische Sätze, und unter ihnen war ihm der geläufigste der *bikkurím*-Spruch. Ähnliches geht aus MATERIAL Nr. 1e hervor. MATERIAL Nr. 9a ist anderer Meinung und stützt sich auf ein einziges, im Péssach- wie im *bikkurím*-Gebot gemeinsam vorkommendes und für den Autor entscheidendes Leitwort.

10. Begrenzte Einblicke in diese Hintergründe lassen sich aus MATERIAL Nr. 6 und 8c entnehmen.

11. Die Beweggründe der Schrift, zu gebieten und zu verbieten, bleiben in den allermeisten Fällen ungesagt, bloß in manchen können wir sie erraten. Was die Restriktionen der Spenden, Opfer u.dgl. betrifft, so ist einer ihrer Effekte offenbar: des Menschen Herrschaft über die Schöpfung, die ihm anvertraut ist, zu begrenzen. Was das zu bedeuten hat und welchem Verhalten auf diese Weise gesteuert werden soll, das muß niemandem im 21. Jh. gesagt werden. Fehlt ihm trotzdem die Kenntnis, komme MATERIAL Nr. 11 zu Hilfe.

12. Über die Freude ausführlich MATERIAL Nr. 10d.

כי תבוא   Der Dank des Bauern   Ki Tavó

MATERIAL

1. משנה ביכורים א־ג *Mischná Bikkurím 1–3 (Auswahl):*
(a) Der גר *ger* (= Gastsasse) bringt dar, rezitiert aber nicht מקרא־ביכורים *mikrá bikkurím* (= das Bekenntnis in V. 3–10), weil er nicht sagen kann „der unseren Vätern zuschwor, es uns [, ihren Nachkommen,] zu schenken."
(b) Der Eigentümer geht hinunter in sein Feld und sieht [z.B.] eine Feige, eine Rebentraube, einen Granatapfel, die zu reifen beginnen. Er bindet einen Halm um die Frucht und spricht: „Das werden die ביכורים sein" [, aber er pflückt sie erst, sobald sie ausgereift ist, um sie dann in ירושלים *Jeruschalájim* im בית־מקדש *Bet-Mikdásch* (= Heiligtum) darzubringen].
(c) Wie werden sie dorthin gebracht? Die Landwirte der Städtchen des [betreffenden] מעמד *maamád*[1] versammeln sich in der Bezirkshauptstadt. Die Gruppe übernachtet auf dem Markt und betritt kein Haus [, weil darin ein noch unbeerdigter Toter liegen könnte, was sie rituell verunreinigen und am Betreten des בית־מקדש *Bet-Mikdásch* hindern würde]. Am Morgen ruft der Gruppenleiter laut: „Auf, laßt uns hinaufziehen nach Zión zu Ihm, unserem Gott!" (Jer 31:5). Ein [zum Freudenmahl bestimmtes] Rind geht voran, bekränzt mit Olivenzweigen und seine Hörner mit Goldfarbe geschmückt, ein Flötenspieler [tänzelt] an der Spitze des Zuges, bis der Zug [zum Gipfel des Ölbergs] gelangt. Nähert man sich ירושלים, schickt man Boten voraus und richtet die Früchte an [mit den erlesensten obenauf]. Vertreter der כהנים *Kohaním*, לויים *Lewiím* und Schatzmeister gehen dem Zug entgegen, je nach Anzahl der Ankömmlinge. Alle Handwerker [am Wege] unterbrechen ihre Arbeit, stehen auf und begrüßen sie mit den Worten: „Unsere Brüder von soundso, eure Ankunft zum Besten".
(d) Am הר־הבית *Har ha-Bájit* (= Tempelberg) angelangt, nimmt sogar König Agrippas[2] [, wenn er unter den Pilgern ist,] den Korb auf die Schulter und betritt [den Berg]. Sobald man an den Vorhof kam, begannen die Lewiím zu singen: „Ich erhebe dich, DU, denn du hast mich emporgewunden, ließest meine Widersacher sich meiner nicht freuen!" (Ps 30:2). Mit dem Korb auf der Schulter spricht man den מקרא־ביכורים *mikrá-bikkurím* (= Erstlingsspruch), legt den Korb neben der Schlachtstatt nieder, verbeugt sich und geht hinaus.

(e) Früher bekam, wer nicht lesen konnte, [den Spruch] vorgelesen [, um ihn nachzusprechen]. Da vermieden es [manche aus Scham], die ביכורים darzubringen, und so führte man ein, ihn jedem vorzulesen.[3]

2. רש״י *RaSCHI z.St.:*
(a) Die *bikkurím*-Pflicht oblag erst nach ירושה *jeruschá* (= Landnahme) und ישיבה *jeschivá* (= Ansiedlung).[4]
(b) [Das Wort „vom" (V. 1) lehrt:] Nicht alle ביכורים *bikkurím*, sondern nur einen Teil, und nicht von beliebigen Arten, sondern nur *von* den sieben [in 5.M. 8:8 aufgezählten], deren sich Erez-Jissraél rühmen kann, weil dort ganz wie hier ארץ *érez* steht [, wovon sich die Einschränkung ableiten läßt].[5]
(c) V. 4 ruft die göttlichen Wohltaten ins Gedächtnis: Ein Aramäer [= Laván] wollte meinen Vater (Jaakóv) ganz und gar [d.h. samt Nachkommen] vernichten (1.M. 31:29), was ihm [einerseits nicht gelang, andererseits aber] angerechnet wurde, als ob es ihm gelungen wäre – so wie auch anderer Völker [boshafte] Planungen, [gegen uns] erfolglos ausgeheckt [, weil wir Gottes Schutz genießen], ihnen dennoch als ausgeführte Taten angerechnet werden.[6]
(d) [Aus V. 11 lernen wir,] daß man den *bikkurím*-Spruch nur zur Freudenzeit sprechen darf, also von *azéret* (= Schavuót, im Mai) an bis zu dem Fest [*kat exochén*, d.h. Sukkót, im September), solange man Getreide, Öl, Wein und Obst erntet. Auch nach dem Fest darf man noch darbringen, aber ohne Spruch.

3. רשב״ם *RaSCHBáM z. St:*
Mit dem umherschweifenden Aramäer ist Avrahám gemeint, denn aus Arám kamen unsere Väter ins Land, und uns schenkte es הקדוש ברוך הוא *ha-kadosch barúch hu* (= der Heilige, gelobt sei er).

---

1 Der tägliche „Dienst" im Heiligtum geht, abgesehen von gelegentlichen, von Individuen dargebrachten Opfern, im Namen der Nation vor sich, die dabei auf folgende Art selektiv vertreten ist: Das Land ist zu diesem Zweck in 24 Bezirke eingeteilt, die jeweils eine Woche lang im Heiligtum durch eine *maamád* (= Stand) genannte Delegation repräsentiert sind. Jeder Bezirk hat eine Hauptstadt, wo sich die Delegierten der Gegend versammeln (wo ja die Früchte ungefähr zur selben Zeit reifen), um Bikkurím darzubringen.
2 Dieser Enkel des Herodes erhielt von seinem Freunde Caligula 37 n.d.ü.Z. den Königstitel über Teile des Landes und im Jahre 41 von Claudius über das ganze Gebiet. Seine kurze Regierungszeit war die letzte glückliche vor dem חורבן *churbán* (= Zerstörung des Tempels), er selbst zeichnete sich durch genaue Befolgung der Gebote aus.

3 Analphabeten waren damals eine verschwindende Minderheit. Taktloses Verhalten ihnen gegenüber, das sie öffentlich bloßstellt, wäre ein Verstoß gegen ein Torá-Gebot.
4 Die *Chachamim* sahen retrospektiv in den ersten sieben Jahren nach der Landnahme Kriegsjahre, in den nächsten sieben Jahren Ansiedlung, so daß die *bikkurím*-Pflicht frühestens im 15. Jahre oblag. In Wirklichkeit verging mehr als ein Jahrhundert bis zur Befriedung und Seßhaftigkeit. Wie (und ob) diese Pflicht in der Epoche des Ersten Heiligtums erfüllt wurde, entzieht sich unserer Kenntnis.
5 Diese Begründung fußt auf der hermeneutischen Regel, die MATERIAL Nr.10b erläutert.
6 Das soll ein Trost sein: Wenn Israels Verfolgern im Gottesgericht schon Strafe für ihre noch gar nicht ausgeführten bösen Absichten droht, wie sehr erst und wieviel härtere für die ausgeführten und auf Erden ungesühnt gebliebenen.

Ki Tavó — Der Dank des Bauern — כי תבוא

4. רמב״ם, יד הל׳ הביכורים *RaMBáM, Jad, H. Bikkurím* (Auswahl):

(a) Die מצוה *mizwá* (= Gebot) der ביכורים *bikkurím* gilt nach V. 1–2 nur für Erez Jissraél und solange ein בית־מקדש *Bet-Mikdásch* (= Heiligtum) besteht.[7]

(b) Zu den erlaubten Früchten darf man hinzufügen, aber nur was aus der Pflanzenwelt stammt, nicht aber Öl und Wein, weil sie nicht die Bedingung der פרי *perí* (= Frucht) erfüllen [und, da verarbeitet, nicht in reifem Zustand sind].

(c) Für ביכורים *bikkurím* hat die תורה *Torá*, anders als bei anderen Pflichtabgaben, kein שיעור *schiúr* (= Mindest- und Höchstmaß) festgelegt, doch in Mischná Bikkurím ist 1/60 empfohlen und in Ssifré dagegen sogar mit einer Traube Genüge getan.[8]

(d) Ein Trauernder bringt keine ביכורים *bikkurím* im Trauerjahr [weil er sich nicht freuen kann noch erfreut werden oder die Freude anderer mit ansehen soll].

(e) Zum *bikkurím*-Gebot gehört, nach der Darbringung in ירושלים *Jeruschalájim* zu übernachten. Es besteht also insgesamt aus sieben Pflichten: Darbringung, Korb, Spruch, Opfermahl, Gesang, Korbschwenken, Übernachten.

5. ר׳ אברהם אבן עזרא *R. Avrahám ibn Esra z.St.:*

Das Verbum אובד *ovéd* (V. 5) ist intransitiv [und bedeutet ziellos umherschweifen und damit Untergang riskieren]. Bezöge es sich auf Laván [wie es die Aggadá und Onkelos tun], müßte transitiv מאבד *meabbéd* [vom selben Wortstamm] stehen [und würde dann, wie es jene beiden Quellen auffassen, vernichten bedeuten]. Mehr als das: Was für einen Sinn gibt es zu behaupten, Laván sei nach Ägypten gezogen, was ihm niemals auch nur eingefallen ist [und wo er darum auch niemals war]. Wahrscheinlich ist deswegen Jaakóv gemeint. Und wirft jemand ein, er sei doch kein Aramäer gewesen, so schlage er 1 Chr 2:17 auf, wo ein gewisser Jitrá ein *Jischmeelite* heißt, derselbe aber nach 2 Sam 17:25 ein Israelite war.[9]

6. ספר החינוך תר״ו *Sséfer ha-Chinnúch 606:*

Weil es in der Natur des Menschen liegt, daß der Ausspruch seines Mundes seine Gedanken beeinflußt und Dinge veranschaulicht, ist es nur billig, daß, wenn der Schöpfer jemandem eine Gunst erwiesen, seinen Boden mit Fruchtbarkeit gesegnet und ihm Gelegenheit gegeben hat, Bodenfrüchte im Gotteshaus darzubringen, er seinen Sinn darauf richte, daß all das ihm von Ihm beschieden worden ist. Darum soll er mit Jaakóv beginnen, dann der Knechtschaft in Ägypten und unserer Errettung von dort gedenken und bitten, daß solches Maß an Gunst ihm auch weiterhin beschieden sein möge.

Darbringen ohne aber מקרא־ביכורים *mikrá-bikkurím* zu sprechen, mögen auch Frauen, Hermaphroditen, Vormünder [der Eigentümer], Knechte und Boten mit Vollmacht, also solche, denen der Boden weder verheißen wurde noch gehört. Das sei uns eine Lehre, in Gebeten auf unsere Worte zu achten und nichts auszusprechen, was nicht genau der Wirklichkeit entspricht.

Auch entschieden sie, ihr Andenken zum Segen, daß jemand, der zwei Bäume im Feld eines anderen gekauft hat, von ihren Früchten zwar ביכורים *bikkurím* bringt, ohne aber das Bekenntnis zu sprechen, weil zweifelhaft ist, ob ihm auch ihr Boden gehört; gehören ihm aber drei Bäume, spricht er es,[10] weil dies jetzt schon ein kleines Grundstück ist.

7. *P. Kehati, Mischnajót z.St. (sinngemäß):*

(a) Zum Gegenstand des גר *ger* (= Gastsasse) bemerkt RaMBáM, die הלכה *Halachá* halte sich nicht an die Mischná, denn er darf das Bekenntnis sprechen. Tatsächlich bringt der תלמוד ירושלמי *Talmúd Jeruschalmí* R. Jehudás Ansicht, er spreche es, weil Avrahám, dem

---

[7] Deswegen ist das *bikkurím*-Gebot heute außer Kraft. Auch gibt es jetzt keine Kohaním von eindeutiger Abstammung, denen die Früchte dargebracht werden dürften. Zu den Bemühungen, im Lande, wo ja nicht gerade die ganze jüdische Bevölkerung tief religiös ist, anderseits aber über ein gutes Drittel die Tradition streng nimmt, an alte Bräuche anzuknüpfen, gehört, daß in den Zwanziger- und Dreißigerjahren Schulkinder „modernisierte" *bikkurím* wie Küken, Kaninchen, Orangen u.ä. am Tage vor Schavuót „darbrachten", d.h. danach zu Gunsten wohltätiger Zwecke an Passanten verkauften. Im Laufe der Zeit erkannten Erzieher, daß solche Versuche, religiöse Zeremonien „leicht abgewandelt", nämlich säkularisiert künstlich wiederzubeleben, kontraproduktiv sind, daß sie die ursprünglichen Ideen verfälschen und daß Traditionen nicht auf Beschluß von Schulbehörden geschaffen werden können, sondern allmählich entstehen und wachsen – oder nicht. Die Versuche starben alsbald eines natürlichen Todes. Das Beispiel illustriert etwas von der im Staate Israel herrschenden kulturellen Problematik.

[8] Das Problem des nötigen Quantums der *bikkurím* ist keine kleinliche Legalistik. Obgleich jedermann die Notwendigkeit einer Einkommensteuer einsieht, wäre es irrsinnig, ihre Höhe jedermanns Gewissen und Gutdünken zu überlassen – und dasselbe gilt für in der Torá vorgeschriebene Abgaben, nur daß die Bikkurím eben eine Ausnahme bilden und ihr Quantum tatsächlich von der Freigebigkeit des Landwirts abhängt. Mit der Empfehlung eines Minimum begnügten sich aber die Chachamím nicht, sie diskutierten auch und genauso ernst das erlaubte Maximum: Darf jemand seinen ganzen Ertrag als Erstlinge deklarieren und darbringen und so durch übertriebene Frömmigkeit selbst der öffentlichen Wohlfahrt zur Last fallen?

[9] Womit bewiesen ist, daß die Torá ohne weiteres Jaakóv als Aramäer bezeichnen kann, obzwar er nicht in Arám geboren war und von seinen 137 Lebensjahren nur 22 Jahre dort verbrachte.

[10] Wiederum ist auch dies nicht eine kleinliche Präzision, wie manche meinen, die vom Judentum nur wissen, es sei eine starre „Gesetzesreligion": Warum, wird gefragt, darf ich nicht, wenn mir der Sinn danach steht und obzwar es heute kein Bet-Mikdásch (= Tempel) gibt, von meinen Ländereien in der Lüneburger Heide Bikkurím per Flugzeug meinem Neffen Dr. Cohn in Tel-Aviv als Geschenk „darbringen"? Weil ihr Zweck weder ist, damalige Kohaním oder kontemporäre Kahns, Kahanas und Kohnstamms zu ernähren, noch Piloten als Überbringer anzuheuern, statt selbst dort zu erscheinen, auch nicht in der Lüneburger Heide ein gleichwertiges Gelobtes Land zu sehen. *In persona* soll ich – wenn das Heiligtum existiert – in Verein mit meinem Nachbarn in der Gottesstadt meine Dankbarkeit für das Geschenk jenes herrlichen Landes durch Darbringung einer eventuell nur symbolischen Quantität seines Ertrages ausdrücken.

das Land verheißen wurde, nach 1.M. 17:4–5 Urahn aller גרים *gerím* ist. R. Jehuda Rosanes wundert sich in seinem Kommentar *Mischné la-Mélech*, wie RaMBáM es wagen konnte, der Mischná zu widersprechen, wo er doch an anderer Stelle konstatiert, die גרים *gerím* hätten keinen Anteil am Geschenk des Landes. Gegen diesen Vorwurf wiederum nimmt ihn R. Menachém ben Chavív in Schutz: Das Versprechen „uns das Land zu geben" beziehe sich auf die Zukunft, und dann würden auch die גרים *gerím* einen Anteil an ihm haben.[11]

(b) Die Handwerker stehen auf, was sie nicht einmal zu tun brauchen, [um Handwerk und Verdienst nicht zu unterbrechen,] selbst wenn ein תלמיד־חכם *talmíd-chachám* (= Gelehrter) vorbeigeht, denn ihnen, die ein Gebot ausüben [nämlich die Welt durch ihr Handwerk verbessern], gebührt mehr Ehrerbietung als den [Gelehrten], die es [nur] studieren.

8. *Auswahl aus Predigten (Rabbi F. Weihs, S. R. Hirsch u.a.):*

(a) Der Midrásch fragt, warum die Torá in V. 3 vorschreibt, die ביכורים seien einem Kohén zu übergeben, „der in jenen Tagen sein wird" – kann denn jemandem einfallen, zu einem Kohén zu gehen, der nicht in jenen Tagen sein wird, also noch nicht geboren oder schon tot ist? Das soll aber nur davor warnen zu sagen: „Wie gut war es einst, als es noch Kohaním gab, die besser waren als die heutigen". Nicht die individuelle Persönlichkeit des Kohén ist es, die wir aufzusuchen haben, sondern ihn als Vertreter des Heiligtums. Dasselbe gilt von Vergleichen zeitgenössischer Rabbiner, Gelehrter, Lehrer und Richter mit ehemaligen. Permanent alten Zeiten nachzuhängen ist ungesund und nutzlos.

(b) „Ein Aramäer, dem Untergang nahe" – heimatlos in Kenáan, der jetzigen Heimat der Enkel, war ja ihr erster Ahn, musste er es als Gnade betrachten, wenn ihm ein Grab für sein Weib Sará gewährt wurde. Immer noch heimatlos, mußte dessen Enkel, einer Hungersnot entfliehend, nach Ägypten ziehen. Volkszukunft war den Vätern verheißen, doch als Familie ohne Zukunft zogen sie dorthin. Und jetzt kann der Bauer מקרא־ביכורים *mikrá-bikkurím* sprechen!

(c) Die ganze Gesetzgebung schließt mit zwei Institutionen: mit מקרא־ביכורים *mikrá-bikkurím* und mit וידוי מעשר *widdúj maaßér*[12], d.h. mit den Grundtatsachen der Nationalgeschichte und den Grundnormen der Nationalaufgabe, deren Aussprechen das Bewußtsein beider lebendig erhalten soll. Beide knüpfen an Institutionen an, welche die Würdigung des Landbesitzes und des materiellen Eigentums nach deren Ursprung und Bestimmung in Bekenntnistaten zum Ausdruck zu bringen haben. Sie haben daher hier, am Schluß der Gesetzgebung, für deren Verwirklichung das Land erreicht wurde, ihre geeigneteste Stelle.

9. *D. Hoffmann z.St.:*

(a) Das Wort הגדתי *higgádeti* heißt „bekennen". Unsere Weisen faßten die V. 5–11 als eine הגדה *haggadá* (= Meldung, Bekenntnis) auf, indem sie sie für den Péssach-Abend zu rezitieren anordneten, weil 2.M. 13:8 mit demselben Verbum והיגדת *wehiggadetá* vorschreibt, bei dieser Gelegenheit vom Auszug zu erzählen.

(b) Während er noch den Korb auf der Schulter hat, spricht er, von „Ich melde" bis „Ein umherirrender Aramäer war mein Vater", dies Wort besonders laut. Bei „Vater" angelangt, nimmt er den Korb von der Schulter, faßt ihn am Rande an, der Priester legt seine Hand darunter und schwenkt ihn. Darauf spricht er weiter bis „DU" in V. 10a, setzt den Korb an die Seite des Altars, wirft sich [der Länge nach] nieder und geht hinaus.

(c) Mit V. 11 ist ein freudiges Mahl gemeint, und aus „deinem Haus" leitet Ssifré die Vorschrift ab, daß jeder Mann auch die Erstlinge der Güter seiner Frau [in ihrem Namen] darbringen darf, obgleich ihm nur das Nutznießungsrecht von ihrem Vermögen zusteht [und er nicht deren Eigentümer ist].[13]

---

11 Hier ist festzuhalten, daß der Begriff des *ger* einen entscheidenden Bedeutungswandel durchgemacht hat. Aus einem zufällig anwesenden Fremdling ist ein formell übergetretener Konvertit geworden. Diese semantische Veränderung ist die Ursache vieler Mißverständnisse.

12 Von ihm handelt Kap. 26:12ff.

13 Aus den talmudischen Quellen, die Hoffmann heranzieht, geht klar hervor, daß dem Gatten das Vermögen seiner Gattin nicht gehört, er aber mit ihr gemeinsam Nutzen aus ihm ziehen darf. Dafür obliegt ihm, sie standesgemäß zu kleiden, zu ernähren, ihr die gebührenden Wohnungsbedingungen zu verschaffen, Geschlechtsverkehr mit ihr zu pflegen (und mehr) usw., was nur fair ist, aber natürlich nicht Übergriffe ausschließt. Der rechtliche Status der Frau, ob ledig oder verheiratet, erfordert wie jede Rechtssituation fachgemäßes Studium und sollte nicht Journalisten, ebenso wenig den Vorurteilen von im römischen Recht beschlagenen Juristen, die aber niemals eine Zeile des talmudischen auch nur sahen, überlassen bleiben. Übrigens fassen die Rabbinen „sein Haus" häufig als „seine Frau" auf.

Graffito in Jerusalem während des Golfkriegs 1991:
„Es ist ein wichtiges Gebot, sich zu freuen"
(Foto: M. Schultz)

10. *Y. T. Radday, Bemerkungen zur Übersetzung und Auslegung:*
(a) An der BR-Übersetzung ist zweierlei zu kritisieren. „Anfang der Frucht" (V. 2, 10) ist eine Wiedergabe, die enttäuscht, weil sie entdeutscht. Früchte fangen nicht an, sie beginnen zu reifen, was BR so gut wußten wie jeder andere. Aber sie fühlten sich zu ihrem Kuriosum gezwungen, wegen eines Prinzips, welches sie sich selbst auferlegt hatten: Jedes hebräische Wort muß, wann immer es vorkommt, mit ein und demselben Wort übersetzt werden. Jeder Student der Linguistik – ein Wort und eine Disziplin, die es allerdings erst seit F. de Saussure (1916) gibt und von der die beiden wohl schwerlich gehört haben konnten – weiß , daß nur eine geringe Zahl von Vokabeln in zwei Sprachen einander völlig decken und zueinander wie 1:1 stehen. Das Wort ראשית *reschít* in unserem Abschnitt kann Anfang bedeuten, aber auch das Erste, Früheste, Beste, Höchste, die ferne Vergangenheit. Unglückliches Festhalten am obigen Prinzip führte in BRs Werk zu merkwürdigen Formulierungen.
(b) Ein zweiter Fall im selben V. 10 entstammt einem gedanklichen Mißverständnis, und das ist ernster. „Lasse den Anfang der Frucht des Bodens, *die* du mir gegeben hast" sollte lauten „*den* du mir gegeben hast". Das Original gestattet allerdings beides, aber dankt der jüdische Bauer denn für das Ausmaß der Ernte? Das zweideutige Relativpronomen bietet keine Antwort, doch gibt es andere Indizien, daß der Boden gemeint ist: Die Darbringung der ביכורים ist individuell und nicht national, da nicht an ein Datum gebunden, V. 5 genießt die Erfüllung der Verheißung und die Seßhaftigkeit, nicht die Fruchtbarkeit der Scholle, die Zeremonie findet auch in einem Trockenjahr statt, die Beschränkung auf die שבעת־המינים *schivát ha-miním* (= die sieben Arten) macht aus dem Tag, der zu einem Spargelfest hätte werden können, ein existentielles und spirituelles Erlebnis.
(c) Hoffmann erklärt, wie V. 5ff. eine Ehrenstelle im Péssach-Ritual fand, nämlich durch das Leitwort *lehaggíd*, doch so mechanistisch entstehen kaum religiöse Bräuche. Plausibler ist, daß das Bekenntnis in die Haggadá geriet, weil es auch dem ungelehrten Provinzlandwirt geläufig war, der es alljährlich im Heiligtum, und zwar unbedingt auf Hebräisch und vor einer fremden Zuhörerschaft, aufzusagen hatte.
(d) Die Freude nennt Friedrich Schiller einen schönen Götterfunken – wußte er, daß sie ein Gebot des Einen Gottes ist? Während des Golfkriegs gab es auf einer Mauer in einem nicht ausgesprochen religiösen Viertel das Graffito zu lesen: „Ein wichtiges Gebot ist, sich zu freuen". Vorgeschrieben ist Freude zuerst in 3.M. 23:40 für Sukkót, das Freudenfest *par excellence*, wiederholt hier und noch fünfmal in 5.M. (12:7; 12:18; 14:26; 16:11; 27:7). Hierzu kommt sehr bedeutsam ושמחת בחגך *we-ssamachtá bechaggécha* (5.M. 16:14). Wieder verfehlt die gängige Übersetzung die Pointe mit „Freue dich an deinem Fest!" D.h. man soll sich an dem Anlaß des Festes und an seinem Datum freuen und daran, daß die Schrift ein Fest vorschreibt? Die Durchsicht der Quellen legt letzteres nahe, denn weswegen sollten sich Juden nach drei Millennien darüber freuen, nicht mehr Pyramiden bauen zu müssen? Aber sich am Péssachfest über das Péssachfest zu freuen, das gibt besseren Sinn: Freude an der ununterbrochenen Tradition und Freude, die keineswegs sehr schmackhaften Mazzót zu essen – sind eine

Art Freude, für die das Hebräische ein ungewöhnliches Idiom hat: שמחה של מצוה ssimchá schel mizwá (= Freude an [der Erfüllung von] einem Gebot, besser: die Genugtuung der Pflichterfüllung. Jehuda ha-Levi sagt im *Kusari* (2, 50), Gottes-Dienst beruhe auf Liebe, Respekt und Freude. Freilich kann Freude nicht befohlen werden, aber anerzogen durch Selbsterziehung – mit dem Ziel, jenem Rabbi nachzueifern, der, als er gefragt wurde, was er denn am liebsten tue, antwortete: „Was ich gerade tue".

Wie man in jeder Lebenssituation froh sein und bleiben kann, das will gelernt sein. Hilfreicher als mancherlei Ratschläge sind die Anweisungen der alten Weisen, bei jedem Freudenanlaß die für ihn tradierte ברכה *berachá* auszusprechen: beim alljährlich erstmaligen Genuß einer Frucht, beim Anblick des Regenbogens, über den Duft eines Gewürzes, beim Anziehen eines neuen Kleidungsstückes, beim Eintreffen einer guten Botschaft. Sie summieren sich zu einem durch verbale Artikulation gesteigerten Glücksgefühl. „Positives Denken" ist nicht weit entfernt von der Methode. Der Gipfel sind die Worte, für die jedes Fest, jede Freude, ja jeder Tag ein Anlaß ist: „Bedankt ..., der uns zu erleben vergönnte und uns bestehen ließ und erhalten hat bis zu dieser Zeit".

Ein solches Daseinskonzept muß zwangsläufig zur Folge haben, lebensfroher und damit menschenliebender zu werden und gefeit zu sein gegen die faustische Sehnsucht, doch nur ein einziges Mal einen glücklichen Augenblick zu erleben. So ausgestattet lassen sich auch Katastrophen besser verkraften – man lese nach bei Viktor Frankl, wie er ein KZ überlebte.

RaMBáM, der selbst nicht gerade von überströmender Lebensfreude war, versäumt nicht, in Hil. Luláv Kap. 3 das Vorbild der Tannaím zu zitieren: „Die größten Gelehrten, Ältesten, Frömmsten und Rektoren der Akademien tanzten am Fest und machten Musik", fügt aber sofort hinzu: „Wer beim Freudenmahl seine Türe versperrt, genießt nicht Fest-, sondern Magenfreude". Die Freude, von der die Torá redet, ist Freude um der Freude willen – eine „Metafreude". Sie gehört zum Geheimnis des rätselhaften Überlebens und Überlebenswillens der Juden.

11. *M. Schultz: „Macht euch die Erde untertan!"*
Wenn in ökologischen Diskussionen Verantwortliche für den ausbeuterischen Umgang mit der Natur gesucht werden, wird oft die „christlich-jüdische Tradition" angeprangert, die durch das angebliche Gebot „Macht euch die Erde untertan" (1.M. 1:28) die Natur der Willkür und dem Machtstreben des Menschen ausgeliefert habe. Abgesehen von dem Brauch, positive Werte, z.B. die Nächstenliebe, als christlich zu usurpieren und die frühere Verankerung in der hebräischen Bibel (3.M. 19:18) zu übersehen, und dem ebenso gängigen Brauch, bei negativen Phänomenen auf die jüdische Tradition zu verweisen, liegt oft ein christlich geprägtes Mißverständnis des Begriffs Gebot vor. Ein besonders bedauernswertes Beispiel ist der obige Vers.

Die 613 Gebote der Torá sind von verschiedenen rabbinischen Autoritäten aufgelistet worden, die jedoch nicht in allen Fällen miteinander übereinstimmen. Eines ist aber allen gemeinsam: „Seid fruchtbar und mehret euch", die erste Hälfte des betreffenden Verses, gilt allen als Gebot, die zweite, „macht euch die Erde untertan", dagegen in keinem des ungefähr halben Dutzends von Listen, die zwischen dem 9. und 13. Jahrhundert in so fern voneinander liegenden Ländern wie Ägypten und Nordfrankreich verfaßt wurden. Die Abweichungen beziehen sich ohnedies nur auf 20–30 der 613 Gebote, also auf höchstens fünf Prozent.

Wie konnte jemand auf die Idee kommen, „Macht euch untertan usw." als ein Torá-Gebot aufzufassen? Erstens, weil es Usus ist, das sogenannte Alte Testament in Übersetzung und oft ohne Berücksichtigung seiner Auslegung durch jüdische Kommentare zu zitieren. Zweitens, weil das Hebräische keine Hilfszeitwörter kennt und es zulässig ist, einen Imperativ mit „ihr sollt, mögt, könnt, dürft" wiederzugeben, wovon freilich allein „ihr sollt" ein Gebot anordnet. Ob letzteres gemeint ist, ergibt sich ausschließlich aus dem Zusammenhang.

Der Satz „Macht euch die Erde untertan" ist, wie gesagt, ein abgebrochenes, d.h. aus dem Kontext gerissenes Zitat. Seine Fortsetzung lautet: „und herrschet über die Fische im Meer, über die Vögel im Himmel und über das Vieh und über alles Gewürm, das auf der Erde kriecht". Worin besteht nun diese „Herrschaft"? Man könnte denken: darin, daß der Mensch sich von dem Fleisch der Tiere ernähre, was aber ein grober Irrtum ist. Ganz im Gegenteil: Gleich im folgenden Vers ist ihm wie auch dem Getier nur pflanzliche Nahrung freigegeben. Was macht also dennoch die Herrschaft aus? Es bleibt nur übrig, Lebewesen als Last-, Zug- und Reittiere zu benutzen. Jede Ableitung weiterer Rechte auf ungehinderte Ausbeutung der Erde, wie den Abbau von nicht reproduzierbarer Substanz, z.B. von begrenzten Bodenschätzen, unter „Herrschaft" einzuschließen, ist demnach unstatthaft und nicht uneingeschränkt freigegeben. Unterstrichen wird dieser entscheidende Punkt schon durch die sprachliche Analogie V. 29–30. In beiden erstreckt sich die Erlaubnis auf vegetarische Nahrung und so, wie dem Getier keine weitere „Herrschaft" zugebilligt ist, so auch nicht dem Menschen. Wie weit die Nutzung anderer Resourcen für andere Zwecke gestattet ist, bedarf einer neuen, differenzierten ethischen und halachischen Diskussion und eines gründlichen Studiums der rabbinischen Quellen.

Der besagte Imperativ ist also nicht nur kein Gebot, sondern auch nicht einmal ein Freibrief für Ausbeutung durch den Menschen. Er ist höchstens ein Angebot, gewissermaßen ein begrenzter Auftrag und eine einladende Aufforderung zur Mitarbeit am Gestalten der Schöpfung. All das ist und bleibt verankert in dem nicht zu verwischenden Unterschied zwischen Schöpfer und Geschöpf: Jener allein ist der Eigentümer und „Herrscher", der Aufgaben delegiert und bestimmte Freiheiten einräumt, die allerdings verantwortet werden müssen.

Vor allem aber muß, wer sich um die jüdische Tradition bemüht und sich nicht im Bereich verbreiteter Vorurteile bewegen will, das zur Kenntnis nehmen, was – anders als die kritischen Imperative וכבשה ורדו *we-chivschúha u-redú* in V. 28 – tatsächlich verbindliches Gebot ist. So z.B. die bis ins Einzelne gehenden und ausführlichen Speisegebote, die überhaupt den (später in Kap. 9 konzidierten) Fleischgenuß weitgehend durch Erschwerungen einschränken und einen großen Teil der Tierwelt außerhalb der Reichweite des menschlichen Gebrauchs als Nahrung setzen.

Das läßt sich auch im säkularen Staat Israel objektiv ablesen, wo im Vergleich mit anderen westlichen Ländern der Fleischverbrauch erheblich geringer ist. Zu den genannten Hindernissen, die die Torá dem Menschen in den Weg legt, sollte er sich widerrechtlich als den Herrn der Schöpfung betrachten, kommen noch die zahlreichen rabbinischen Vorschriften bezüglich Schächten (Schlachtung) und Jagen, was alles zusammen die Ausrottung einer Spezies fast unmöglich macht.

Gewiß darf aber bei der Erwägung, ob die „Unterwerfung der Natur" von der Torá anbefohlen oder wenigstens gestattet ist, nicht das geschehen, was bisher fast durchwegs geschehen ist: das Gebot der Heiligung des Schabbáts zu übersehen und zu übergehen, wie es schon in 1.M. Kap. 2 gleich nach dem vermeintlichen Gebot der Unterwerfung eingebaut ist. Erich Fromm nennt ihn einen „Tag des Waffenstillstandes zwischen Mensch und Natur", weil an ihm jeder noch so kleine Eingriff in die Natur verboten ist: Das beabsichtigte Rupfen eines einzigen Grashalms ist in diesem Sinne als Störung der Natur zu sehen, geschweige denn nachhaltigeres Eindringen in ihre Harmonie. Somit ist die Natur an jedem siebten Tag, ein Siebtel der Zeit, jedwedem Zugriff des Menschen entzogen und vor ihm sicher. Seine „Herrschaft" über sie ist gerade kraft der viel geschmähten Gebote bei den Juden, wenn sie sich nur an sie hielten, total aufgehoben. Der siebte Tag ist bei ihnen auch verkehrsfrei[14] – eine Realität, die die kühnsten Träume der Umweltschützer übersteigt!

---

14 Einige KFZ-Versicherungen in Israel schließen den Schabbát vom Versicherungsschutz aus, wodurch der Tarif günstiger wird.

LIMMÚD

Armut ist keine Tugend

Wem wurde nicht in der Schule gepredigt, die „Heilige Schrift" lege uns immer wieder ans Herz, ja nicht „die Armen zu vergessen". Steht denn nicht so oft geschrieben (z.B. 5.M. 26:12,13), wir sollten „den Lewiten, den Fremden, den Waisen und die Witwe in deinen Toren" (5.M. 14:27ff.) bedenken und ihnen großmütig erlauben, beim Getreideschnitt zurückgelassene Ähren aufzulesen (*léket*), das beim Schwingen der Sense an Ackerecken von ihr nicht erreichte Getreide als das ihrige heimzutragen (*peá*), sich auf dem Felde vergessene Garben mitzunehmen (*schichechá*) und sich in jedem siebten Jahr, dem „Brachjahr" (*schemittá*), ohne Beschränkung von jeglichem, d.h. auch fremdem landwirtschaftlichen Ertrag zu ernähren?

All das zeugt von einem hohen Grad an sozialem Gewissen und dem Bestreben, Arme zu unterstützen und Armut zu bekämpfen. Bei weiterer Überlegung stellen sich allerdings einige Fragen. Sind denn z.B. Witwen und Waisen, nur weil sie solche sind, zwangsläufig arm und nicht eher mangels männlicher Obhut und Fürsorge der Willkür der Behörden und Übervorteilung durch Nachbarn schutzlos ausgeliefert? Können denn Witwen und ihresgleichen – siehe oben – nicht Immobilien sowie Vermögen geerbt haben? Lehrreich ist in dieser Hinsicht, wie es Noomí und ihrer verwitweten, vielleicht auch verwaisten und obendrein nicht-israelitischen Schwiegertochter Ruth aus Moab bei ihrer Heimkehr erging (Ruth Kap. 1–4). In ihrer Heimat Bet-Léchem angekommen, waren die beiden Frauen so mittellos, daß Ruth Ähren zu lesen gezwungen war, um mit Noomí nicht zu verhungern. Doch muß sich das kurz nach ihrer Ankunft zugetragen haben, bevor sie ihre eigenen Felder zu bestellen Zeit hatten, denn gleich darauf erfahren wir, daß sie solche besaßen und daß der Boden Ruths Mitgift bildete.

Und waren die Lewiten, der Stamm, dem Mosché selbst angehörte, und der mit gewissen sakralen Aufgaben betraut war und von dessen Familien eine, die Nachkommen seines Bruders Aharón, als Kohaním die höchsten priesterlichen Ämter bekleidete, ebenfalls schutzlos, so daß die Torá sie bedenkt wie die Witwen? Das ist doch eine Unmöglichkeit! Nun war der ganze Stamm Lewi als einziger landlos innerhalb der durchwegs agrarischen Gesellschaft der zwölf[1] Stämme. Im beabsichtigten schroffen Gegensatz zur durch Vorrechte begüterten Priesterkaste in Ägypten (vgl. 1.M. 47:22) ordnet die Torá an, der israelitische „Klerus" dürfe nicht nur nicht privilegiert, sondern solle sogar materiell zurückgesetzt sein: Kirchengüter kennt sie nicht. Immerhin berechtigt sie die Lewiten, sich innerhalb des Weichbilds einer Stadt „Schrebergärten" anzulegen. Kein Wunder, daß es oben von Lewiten heißt „in deinen Toren", denn seßhaft und auf einem gemeinsamen Stammgebiet wie die anderen Stämme waren sie nirgends.

Wovon, fragt sich jetzt, lebten sie dann? Sie hatten die genannten Anrechte wie die Witwen und Waisen, außerdem war jedem Landwirt anbefohlen, einem Lewiten den Zehnt seines jährlichen Bodenertrags zu entrichten. Theoretisch sollte diese Einrichtung folgendermaßen funktionieren. Gesetzt, der Jahresertrag der Bauern eines einzelnen Stammes belief sich auf 100 Maßeinheiten, so verblieben ihm nach Erfüllung dieser obigen Pflicht 100 – 10 = 90, der Stamm Lewi erhielt somit von den übrigen Stämmen insgesamt 12 x 10 = 120, also über 20 Prozent mehr, als den anderen nach Abgabe des Zehnt verblieb. Der Lewite selbst war angewiesen, einen Zehnt davon an die, weil dem Stamm Lewí angehörenden und darum auch landlosen, Kohaním abzuliefern, was bedeutet, daß ihre Einkünfte von Agrikultur verglichen mit den 90 der übrigen Stämmen 120 – 12 = 108 betrugen, sie also um 18% überstiegen.

Dieses hier ungenau und in großen Zügen[2] skizzierte und in ökonomischer Hinsicht großartige Konzept kann man zuerst nur bewundern, sogleich aber auch fragen, warum die Torá dann um die Möglichkeit der Verarmung der Lewiten so besorgt ist: Sie schneiden ja besser ab als ihre Brüderstämme! Die Antwort ist nicht schwer zu erraten: Das Konzept erwies sich als pure Theorie, weil es dem Gewissen der Bauern überlassen blieb, einem beliebigen, z.B. einem besonders populären oder gar keinem Lewiten den Pflicht-Zehnt auszuhändigen – eine Behörde, die ihn eintrieb, gab es nicht. Es wird damals auch nicht anders gewesen sein als heute: Wie verführerisch ist es, sich einer Steuerpflicht zu entziehen, wenn das Versäumnis nicht kontrolliert wird und nicht kontrollierbar ist.

Zusammengefaßt läßt sich sagen, daß die Möglichkeit der Verarmung von Witwen und Waisen infolge von Verlust von Grundbesitz bestand, im Falle der Lewiten durch *a priori* Mangel an ihm gegeben war. Beiden Eventualitäten steuert die Torá auf ihre Weise: durch den Lewiten-Zehnt und durch das „Jubeljahr". Letzteres ver-

---

1 Jaakóv hatte zwölf Söhne, demnach gab es genauso viele Stämme. Aber der Stamm Josséf teilte sich in zwei, Efrájim und Menaschè, somit gab es dreizehn. Dennoch liebt die Schrift aus numerologischen Gründen weiterhin von zwölfen zu sprechen, und soviel waren es denn auch, wenn Lewí nicht mitgezählt ist.

2 In sehr großen und groben Zügen. Die den Zehnt betreffenden Vorschriften sind auf einige Bücher der Torá verstreut und widersprechen einander nicht wenig. Es ist der Mündlichen Torá mit erheblicher Mühe zwar gelungen, die Gegensätze auszugleichen, doch kaum war das geschehen, als eine neue Schwierigkeit auftauchte: In der Periode des Zweiten Tempels war erstaunlicherweise die lewitische Familie der Kohaním zahlreicher als der ganze Stamm Lewi. In unserem Rahmen kann das Konzept nur kurz dargelegt und nicht weiter berührt werden. Näheres in RaMBáMs Jad, Hil. Mattenót Aniím.

hütete den Verkauf der angestammten Ländereien und gestattete nur Verpachtung ihrer Ernten für höchstens 49 Jahre (vgl. 3.M. 25:8ff.). Leider stellte sich auch diese Maßnahme als utopisch heraus: Einerseits beweist die durch Generationen andauernde Empörung nach der Beschlagnahme des ererbten Bodens eines Nachbarn auf königlichen Befehl (vgl. 1 Kö Kap. 21), daß dergleichen Übergriffe eine Seltenheit waren, andererseits prangert Jesaja in Kap. 5:8 die wohlhabenden Bürger Jerusalems an, weil sie Feld nach Feld aufkauften.

Man darf dennoch annehmen, daß die Gebote betreffs Institutionen wie *léket* (zurückgelassene Ähren), *peá* (Ackerecken) und *schichechá* (vergessene Garben) im allgemeinen doch beobachtet wurden, auch wenn das Motiv nicht immer edel gewesen ist, beispielsweise aus Bedenken „Was werden die Nachbarn sagen?". Entspricht diese Vermutung den Tatsachen, dann erhebt sich sofort ein neuer Zweifel. Konnten denn diese drei einmal jährlich wiederkehrenden Maßnahmen und das einmal in sieben Jahren fallende Brachjahr Armut verhindern? Wovon ernährten sich die Bedürftigen, wenn zehn Monate pro Jahr, nachdem die wenigen Wochen zwischen Gerste- und Weizenschnitt, der Periode der Freigabe des Ertrags, verstrichen waren? Ebenso wenig ausreichend ist die Freigabe jeglicher Feld- und Baumfrucht in jedem siebten Jahr: Weil das Speichern untersagt war, war keinem Armen von einem Brachjahr bis zum nächsten geholfen. Den Lewiten ging es also in der Tat immer schlechter und schlechter.

Ja noch mehr: Wieso konnte die Torá diese Vorschriften so hoch einschätzen, daß sie für ihre Übertretung Krieg (2.M. 22:21–23) und Verschleppung ins Exil androht? Es hat darum allen Anschein, daß sie bei all dem nicht so sehr an den potentiellen Armen, sondern an den möglicherweise selbstsüchtigen Gutsbesitzer dachte und ihn zu erziehen versuchte. Eine exemplarische Gesellschaft wünscht sie in diesem Lande zu schaffen, in dem Wohltätigkeit, Großzügigkeit und Solidarität herrschen mögen. Jetzt wird auch klar, warum die erwähnten Feld-Gebote und das Jubeljahr allein für das Land Jißrael verbindlich sind, nicht aber – wie z.B. Schabbát, Gerichtsbarkeit und Mazzót – auch im Ausland.

Genau dasselbe sagt die Torá an zwei auf den ersten Blick unvereinbaren Stellen. Einmal heißt es, es würde „in deinem Lande" niemals Arme geben (5.M. 15:4), und fast daneben (15:7): „Falls es unter deinen Brüdern Arme geben sollte". Wie kann die Schrift sich so widersprechen? Klar, daß unsere Weisen gesegneten Angedenkens einen derartigen Fall nicht ohne weiteres durchgehen ließen und den Widerspruch denn auch im Handumdrehen lösten: Sie bezogen den ersten Satz auf den Fall, daß ihre Gebote gehalten werden, den zweiten auf das Gegenteil.

Welche faktische ökonomische Situation zur Zeit des Ersten Tempels (ca. 950-600) herrschte, ist selbstverständlich nirgends *expressis verbis* geschildert und läßt sich aus diesem Grunde nur aus gelegentlich berichteten Vorfällen oder aus auffallend fehlenden Einzelheiten (wie die Beschreibung von Armut) rekonstruieren. Dennoch darf der Versuch gewagt werden, einiges darüber mit den folgenden fünf Vorbehalten zu postulieren, nämlich

(1) daß es keine nicht-israelitischen Bewohner im Lande gab;
(2) daß bei der Landnahme jeder Stamm, jeder Clan und jedes der „Vaterhäuser" seinen Boden zugeteilt bekam;
(3) daß die Bewohner ausnahmslos Ackerbau betrieben;
(4) daß der einem Vaterhaus zugeteilte Boden grundsätzlich unveräußerlich war und nur eine gewisse Anzahl von Jahresernten, und auch diese nur auf Abruf, verpachtet werden durfte;
(5) daß die Vorschriften der Torá in Bezug auf Unterstützung der von Verarmung bedrohten Mit-Israeliten eingehalten wurden.

Wenn – wohlgemerkt: wenn! – diese Bedingungen im Großen und Ganzen erfüllt waren, konnte es zur Zeit des Ersten Heiligtums überhaupt keine gänzlich und irreparabel Verarmte in Israel geben! Für diese kühne Behauptung sprechen einige Indizien.

Prüfen wir beispielsweise die Frequenz der Vokabel *arm* samt ihren Synonymen und Derivaten in jenen Teilen der Schrift, in denen ihr Vorkommen zu erwarten ist, d.h. in der Torá, in den Frühen und Späten Propheten und in den Psalmen. Das abgerundete Ergebnis ist im Schnitt:

(a) in der Torá   einmal auf jeder 10. Seite
(b) in den Frühen Propheten   einmal auf jeder 46. Seite
(c) in den Späten Propheten   einmal auf jeder 5. Seite
(d) in den Psalmen   einmal auf jeder 2. Seite

Diese Häufigkeitswerte sprechen zu Gunsten der obigen Behauptung. Die enorme Frequenz in den Psalmen widerspricht ihr freilich – 23x höher als in den Frühen Propheten – doch darf man nicht übersehen, daß der Psalmist meist seelische und nicht materielle Not meint. In den Späten Propheten war ein hoher Befund vorauszusehen, waren sie ja das verkörperte Gewissen der Nation in zwei Bereichen: im sozialen und im religiösen. Wenn Am 2:6 Richter beschuldigt, daß sie sich für ein Paar Schuhe bestechen lassen, den Armen zu Gunsten des Reichen schuldig zu sprechen, dann müssen die Zustände schlimm gewesen und unsere Annahme muß falsch sein. Schließen wir jedoch so aus den Anklagen Jesajas und seinesgleichen, dann lassen wir ihr Wesen und das Wesen der Prophetie außer Acht. Die Größe dieser unerbittlichen Kritiker der Nation lag darin, daß sie sich – statistisch inkorrekt, ethisch bewundernswert – nicht scheuten, von Einzelfällen auf die Gesamtheit zu schließen. Ihre Maßstäbe, Erwartungen und Ideale waren so hoch und streng, daß kaum jemand, König, Richter, Kohén, Minister, vor ihnen bestand. Wäre dem nicht so gewesen, könnte man glauben, daß während der zweieinhalb Jahrhunderte ihrer Tätigkeit durch Abfall, Rechtsverdrehung und vor allem zunehmende wirtschaftliche Zersetzung dem politischen, sozialen und ökonomischen Gefüge der beiden Staaten der Untergang drohte.

Die Tatsache, daß sie für ihre Angriffe auf das politische, juristische und religiöse Establishment und andere „unpatriotische Umtriebe" Redefreiheit genossen und generell straflos ausgingen, bezeugt, daß sie maßlos übertrieben. Ihre Überempfindlichkeit in Dingen der Gerechtigkeit ist es, weswegen sie – lobenswert! – ihren Zeitgenossen nicht gerecht wurden. Daß in beiden Reichen Armut endemisch war, darf aus den Späten Propheten nicht geschlossen werden. Auch die relative Seltenheit des operativen Wortes *arm* in der Torá (vgl. oben, [a]) besagt wenig. Zu fast drei Vierteln ist sie thematisch von legalistischem Charakter, und in einem Gesetzeskodex ist Wiederholung nicht am Platze.

Ein wahres Bild der sozialen Lage läßt sich eigentlich nur aus den Frühen Propheten entnehmen: Sie schildern Fakten, die sich in 500 Jahren zugetragen haben – daß die Schilderung religiös-pädagogisch verbrämt ist, tut nichts zur Sache. In Josua, Richter und Samuel ist kaum zu erwarten, daß materielle Not oder ihr Gegenteil ein Thema ist, eher noch im Buch der Könige, denn mit ihrer negativen Einstellung gegenüber der Obrigkeit, wie seine Verfasser sie hatten, hätten sie sie kaum verschont und verschönt. In dieses halbe Jahrtausend fallen nun auch die 250 Jahre, während derer sich die Späten Propheten so vehement für die Armen einsetzen. Wem sollen wir jetzt Glauben schenken? Den Visionen, Predigten, Konfessionen und Gedichten der Späten Propheten oder den Geschichtswerken von Josua bis Könige, die konkrete Ereignisse berichten? Zweifellos den letzteren. Es ist nicht undenkbar, daß die ersteren von der bloßen Vorstellung, es könnte in Zukunft in Israel zur Verarmung breiter Schichten kommen, so sehr beunruhigt waren, daß sie schonungslos gegen die bloßen ersten Anzeichen dieser Eventualität vorgingen, ohne einen echten und lebendigen Armen je *in persona* gekannt zu haben. Deswegen sind Nachrichten über existierende Armut in den Erzählungen der Frühen Propheten glaubwürdiger. Und siehe da, in ihnen begegnen wir nach bisher vergeblicher Suche sage und schreibe dem einzigen Fall von Armut in 1 Kö 17:8ff.: einer Witwe, die buchstäblich an richtigem Hunger litt, und auch sie lebte nicht im Inland, sondern in Zarefat an der phönizischen Küste. Damit ist *ex silentio* bewiesen, daß in Israel Armut äußerst rar war. Auf diese Weise ist die Gesetzgebung der Schrift gerechtfertigt.

Armut und Hunger waren in der Antike im Mittelmeerraum normal, ohne daß jemand etwas dagegen tat, nur in Rom wurde von Mal zu Mal Brot umsonst verteilt, und zur Ablenkung wurden Zirkusspiele veranstaltet. Dagegen haben wir oben herausgearbeitet, daß es im Lande keine hungernden Armen gab, ein Ergebnis, wofür wir zwei zusätzliche objektive antike Zeugnisse besitzen. In seinem Kap. 27 (6. Jh. v.d.ü.Z.) bringt Ezekiel eine Liste von 37 Ländern und deren Exportwaren, welche die Fracht eines phönizischen Handelsschiffes bildeten, die sein Kapitän von Hafen zu Hafen kaufte und verkaufte. Erez Jißraél ist das einzige Land, das sich erlauben konnte, Lebensmittel zu exportieren, wobei wir aus einer zufälligen Notiz in 2 Kö 15:19ff. erfahren, daß im Nordreich allein um 758 v.d.ü.Z. 1.5 Millionen lebten, d.h. rund soviel wie um 250 v.d.ü.Z. in Italien. Ein späterer Augenzeuge, Flavius Josephus, nennt das Land einen einzigen großen Obstgarten.

In den frühen Dreißigerjahren des 20. Jahrhunderts lebten im damaligen Palästina ca. 300 000 Araber und 150 000 Juden. Kartoffeln, Eier, Fleisch und Getreide mußten importiert werden. Die britische Regierung beschränkte die jüdische Einwanderung aus politischen Gründen auf rund 2000 pro Jahr, nach außen mit dem Argument, damit sei die wirtschaftliche Absorptionskraft des Landes erschöpft. Vom Völkerbund unter Druck gesetzt, entsandte sie einen Demographen namens Simpson, der feststellen sollte, wie viele zusätzliche (jüdische) Einwanderer es noch ernähren könne. Nach drei Monaten lautete sein Ergebnis: noch 950 Seelen. „Jeder unter seiner Rebe und seinem Feige[nbaum]" hielt er für eine biblische Redensart. Heute finden dort über 6 Millionen ihren Unterhalt. Wohlstand ist keine Schande und Armut keine Tugend.

| Ki Tavó | Der Dank des Bauern | כי תבוא |

THESE

Der Zionismus ist eine säkulare politische Bewegung. Ein Dutzend Jahre nach Herzls Tod (1904) erlangte sie ihren ersten Erfolg in der „Balfour Declaration" (1917), einem handschriftlichen Brief des Außenministers Lord Balfour im Namen der britischen Regierung, in dem diese sich mit dem Ziel der Bewegung identifiziert und verpflichtet, an seiner Verwirklichung mitzuarbeiten. Das dort definierte Ziel ist, in Palästina eine öffentlich-rechtlich gesicherte Heimstätte für das jüdische Volk zu errichten. Das Kulturelle, so hofften die Anhänger der Bewegung, würde sich finden. Der Essayist Achad-HaAm war – noch zu Herzls Lebzeiten – der Ansicht, ohne Integration des alten jüdischen Kulturgutes seien die zionistischen Bemühungen, mit denen er einverstanden war, zum Scheitern verurteilt. Als Kompromiß versuchte man, beides zu tun, was auch zum Glück zum Teil gelang, aber eben nur zum Teil. *De facto* ist die Errichtung eines modernen demokratischen Staates mit den Fundamenten und Prinzipien einer uralten, in erster Linie religiösen Kultur, und sei sie noch so bewundernswert, ein Wunschtraum. Hier liegt der Grund für die andauernde innere Spannung in Israel. Eine modernisierte Neuauflage des *bikkurím*-Festes ohne Pilgerschaft, Spruch etc. macht die Tradition zur Farce, seine Wiederbelebung getreu dem alten Muster ohne Heiligtum und ohne Kohaním ist eine Unmöglichkeit, es ganz zu ignorieren wäre eine Absage an eine essentielle Komponente der zionistischen Bestrebungen. Um eine Lösung ringen seit 1925 Politiker, Rabbiner und Erzieher vergeblich.

HANDREICHUNG

ALTERNATIVE A: Der vorliegende Stoff teilt sich in drei Kategorien: die Beschreibung einer ehemaligen, farbenfrohen Zeremonie, eine Reihe von mit ihr verbundenen talmudischen Details und mit ihr eher in losem Zusammenhang stehenden existentiellen und bibelkritischen Überlegungen. Es ist die erste Aufgabe des Leiters der Gruppe, das Interesse an einem Stoff zu wecken, der frühestens beim zweiten oder dritten Hinsehen von gewissem Belang für sie ist. Deswegen beginne man mit FRAGE Nr. 5 und dem sich an sie anschließenden MATERIAL, und gehe danach über zu FRAGEN Nr. 1, 2, 6, 7 und 9. Jetzt müßte sich die Gruppe vorstellen können, wie sich die Darbringung der *bikkurím* abgespielt hat und was das Gedankengut ist, das sich dahinter verbirgt. Es bleiben dann vorerst noch jene Punkte durchzunehmen, die auf FRAGEN Nr. 3, 4 und 8 antworten. Hier angelangt besteht Grund zur Hoffnung, daß die Studierenden den sprachlichen und leicht philosophischen Themen zugänglich geworden sind, von denen MATERIAL Nr. 11 u.a. sowie LIMMÚD handeln.

ALTERNATIVE B: Hier geht so viel vor – auf den Feldern, Pflanzungen und Gärten, in Groß- und Kleinfamilien, Städtchen und Dörfern, den ganzen Sommer hindurch auf den Chausseen, in der Hauptstadt und im Heiligtum, daß eine belehrende Handreichung überflüssig ist. Das Studium kann mit irgendeiner der Stationen oder Situationen beginnen und dann vorwärts oder rückwärts schweifen. Die Vorgänge sind vergnügt und nicht wenig dramatisch, so daß sie, ist zu hoffen, die Leser fesseln werden.

Die reguläre Reihenfolge der Wochenabschnitte in der Torá

Band	Name	Anfang	Band	Name	Anfang	Band	Name	Anfang
	BERESCHIT (1.M.)		1	Terumá	25:1	10	Behaalotechá	8:1
1	Bereschít	1:1	1	Tezawwé	27:20	3	Schelách	13:1
2	Nóach	6:9	9	Ki Tissá	30:11	8	Kórach	16:1
6	Lech-lechá	12:1	2	Wajakhél	35:1	6	Chukkát	19:1
6	Wajerá	18:1	2	Pekudéj	38:21	4	Balák	22:2
9	Chajjéj Sará	23:1				5	Pinechás	25:10
8	Toledót	25:19		WAJIKRA (3.M.)		2	Mattót	30:2
4	Wajezé	28:10	8	Wajikrá	1:1	2	Masséj	33:1
1	Wajischlách	32:4	9	Zaw	6:1			
3	Wajéschev	37:1	9	Scheminí	9:1		DEVARIM (5.M.)	
7	Mikkéz	41:1	10	Tasría	12:1	7	Devarím	1:1
7	Wajiggásch	44:18	10	Mezorá	14:1	2	Waetchannán	3:23
5	Wajechí	47:28	7	Acharéj Mot	16:1	1	Ékev	7:12
			1	Kedoschím	19:1	4	Reé	11:26
	SCHEMOT (2.M.) 2			Emór	21:1	8	Schofetím	16:18
3	Schemót	1:1	3	Behár	25:1	3	Ki Tezé	21:10
8	Waerá	6:2	4	Bechukkotáj	26:3	9	Ki Tavó	26:1
5	Bo	10:1				6	Nizzavím	29:9
1	Beschallách	13:17		BEMIDBAR (4.M.)		5	Wajélech	31:1
5	Jitró	18:14	7	Bemidbár	1:1	10	Haasínu	32:1
4	Mischpatím	21:1	1	Nassó	4:21	10	Berachá	33:1

Die Verfasser

Prof. Dr. Yehuda T. Radday, geboren 1913 in Prag, 2001 in Haifa verstorben, studierte Jura an der Karls-Universität, am Lehrerseminar in Jerusalem, am Jewish Theological Seminary, New York, und an der Hebräischen Universität, Jerusalem. In Israel lebte er seit 1931. Über zwei Jahrzehnte lehrte er Jüdische Studien und Hebräisch am Technion – Israel Institute of Technology, Haifa, und war einige Jahre Dekan seiner Geisteswissenschaftlichen Fakultät. Er war der erste, der statistische Linguistik mit Hilfe der EDV für Bibelforschung einsetzte, und hat mehr als 20 Bücher und ungefähr 120 Artikel veröffentlicht. In den Jahren 1982–1984 wirkte er als Prorektor an der Hochschule für Jüdische Studien, Heidelberg, und danach mehrere Semester an ihr als Gastprofessor für Torastudium anhand von mittelalterlichen Kommentaren.

Dr. Magdalena Schultz, Professorin (em.) für Pädagogik an der Evangelischen Fachhochschule Hannover, studierte Erziehungswissenschaft, Soziologie, Psychologie sowie Evangelische Theologie und promovierte an der Universität Heidelberg. Sie erfüllte mehrere Jahre sozialpädagogische Aufgaben in Tansania und veröffentlichte Untersuchungen zum Thema Familie und Kindheit in Afrika. Aufgrund zahlreicher und langer Studienaufenthalte in Israel und den USA erwarb sie unmittelbare Einblicke in die jüdische Kultur, besonders die Erziehung im orthodoxen Judentum, und schrieb dazu mehrere Arbeiten. Von 1980 bis 1989 war sie in Forschung und Lehre in Heidelberg tätig: an der Pädagogischen Hochschule, dem Erziehungswissenschaftlichen Seminar der Universität und der Hochschule für Jüdische Studien.

Veröffentlichungen aus dem

Institut Kirche und Judentum

Zentrum für Christlich-Jüdische Studien an der Humboldt-Universität zu Berlin
Werk der Evangelischen Kirche in Berlin-Brandenburg
Leiter des Instituts: Prof. Dr. Peter von der Osten-Sacken

Das 1960 an der Kirchlichen Hochschule Berlin (West) gegründete und bis 1974 von Günther Harder geleitete Institut Kirche und Judentum ist ein Werk der Evangelischen Kirche in Berlin-Brandenburg. Es ist seit 1994 der Humboldt-Universität zu Berlin angegliedert und hat seinen Sitz im Berliner Dom. Über die Arbeit an den Publikationen hinaus führt das Institut Vortragsveranstaltungen, Arbeitsgemeinschaften, Seminare, Studienwochen sowie Studienfahrten nach Israel durch. Es arbeitet in überregionalen Gremien mit und regt zu Forschungsarbeiten zum Gesamtthema „Kirche und Israel" an. Die Bemühungen um Grundfragen des christlich-jüdischen Verhältnisses und um eine angemessene christliche Judentumskunde, die im Zentrum der Arbeit des Instituts stehen, haben die Förderung eines neuen Verhältnisses von Christen und Juden zum Ziel.

Aus der Reihe Veröffentlichungen aus dem IKJ

Yehoshua Amir

Deraschot
Jüdische Predigten

1983, brosch., 83 S.
ISBN 3-923095-14-7

Yehoshua Amirs Predigten erstrecken sich von der Zeit der Verfolgung (1938) bis in die jüngste Gegenwart, sind an völlig verschiedenen Orten und in extrem unterschiedlichen Situationen gehalten, nehmen diese Einheit von Zeit, Ort und Situation voll auf und prägen sie durch das, was aus dem Wort der Schrift als Frage, Zuspruch und Weisung vernommen wird.

Das, was zu Gehör kommt, ist Anrede an den christlichen Leser selbst dort, wo die ursprüngliche Hörerschaft nicht aus Christen oder aus Juden und Christen zusammen bestanden hat, sondern eine jüdische Gemeinde ist, vor allem die Heimatgemeinde Y. Amirs in Jerusalem.

Jüdisches Zeugnis aus der Bibel und lebendige Kunde vom Judentum fließen zusammen und laden zum Lesen und Bedenken ein.

„Die vorliegende Predigtsammlung vermittelt – auch für heutige Christen – in lebendiger und facettenreicher Weise eine authentische Innensicht des jüdischen Glaubens." (Archiv für Liturgiewissenschaft 1990)

Peter von der Osten-Sacken

Katechismus und Siddur

Aufbrüche mit Martin Luther und den Lehrern Israels

2., überarb. u. erw. Aufl. 1994, geb., 504 S.
ISBN 3-923095-26-0

So überraschend es klingt: Zu allen fünf Hauptstücken von Luthers Kleinem und Großem Katechismus (Zehn Gebote, Glaubensbekenntnis, Vaterunser, Taufe, Abendmahl) finden sich Entsprechungen im jüdischen Gebetbuch (Siddur). Sie alle zusammen kennzeichnen das Leben des jüdischen Volkes vor Gott genauso verbindlich wie der Kleine und Große Katechismus das der evangelisch-lutherischen und – in einem weiteren Sinne – der christlichen Gemeinden überhaupt. Indem der Band Grundlagen jüdischer und christlicher Religion aus ihren Quellen darstellt und miteinander ins Gespräch bringt, lehrt er Gemeinsamkeiten und Unterschiede beider Glaubensweisen neu erkennen.

Zur ersten Auflage:
„Ein nicht leicht zu erschöpfendes Angebot zur Vertiefung des christlichen Verständnisses für das Judentum – im Sinn einer Begegnung ‚von Mitte zu Mitte'. ... Selbstverständlich ist das Buch auch für Katholiken höchst empfehlenswert." (Freiburger Rundbrief 1983/84)

„Eines der durchdachtesten Bücher nicht nur über Luther und die Juden, sondern auch zum jüdisch-christlichen Ineinander." (Recherches de Science Religieuse 1986)

Zur zweiten Auflage:
„... ein vorzügliches Arbeitsbuch", das „nun in erweiterter Gestalt auf viele lernbereite Leser rechnen kann". (Theologische Literaturzeitung 1995)

Fritz A. Rothschild (Hg.)

Christentum aus jüdischer Sicht

Fünf jüdische Denker des 20. Jahrhunderts über das Christentum und sein Verhältnis zum Judentum

2., durchges. Aufl.1999, geb., 380 S.
ISBN 3-923095-31-7

In Verbindung mit dem Presseverband der Evangelischen Kirche im Rheinland e.V., Düsseldorf

Die Schwerpunkte dieser Quellensammlung mit Texten von Leo Baeck, Martin Buber, Franz Rosenzweig, Will Herberg und Abraham J. Heschel liegen auf folgenden Themen:
- die Person und Bedeutung Jesu
- die Polarität von Gesetz und Evangelium, Werken und Glaube, menschlicher Gerechtigkeit und göttlicher Gnade
- der Ort der hebräischen Bibel im Christentum
- die Rolle der Kirche als Neues Israel und die Juden als Altes Israel „nach dem Fleisch".

Ein besonderer Reiz des Bandes liegt darin, dass christliche Theologen in die Beiträge der jüdischen Autoren einführen. Einleitungen und Quellen geben zusammen mit der Einleitung des Herausgebers neue Perspektiven des jüdisch-christlichen Verhältnisses zu erkennen.

„Dieses Buch ist nicht nur ein wertvoller Überblick über die Auffassungen von fünf jüdischen Pionieren des christlich-jüdischen Dialogs. Es ist mit seiner Erklärung von Texten und mit der Möglichkeit für Christen, auf die von ihnen vorgestellten jüdischen Denker zu reagieren, selbst ein Schritt voran in diesem Dialog." (Jakob J. Petuchowski)

„In unseren Tagen, in denen ernsthafte Arbeit im jüdisch-christlichen Dialog allzuoft auf Banalitäten verfällt, markiert dieser Band einen Standard, hinter den man nicht mehr zurück kann." (Wendell S. Dietrich)

„Das Buch ist mehr als nur eine Einladung zum Dialog: es verkörpert diesen Dialog in einer außerordentlich geglückten Weise." (Freiburger Rundbrief)

„Das Buch ist ein Musterbeispiel dafür, wie dialogisch gelernt werden kann." (Ökumenische Rundschau)

Birte Petersen

Theologie nach Auschwitz?

Jüdische und christliche Versuche einer Antwort

2004, 3., durchges. u. um einen Beitrag von Norbert Reck erw. Aufl., kt., 182 S.
ISBN 3-923095-78-3

Trägt Gott Schuld an Auschwitz? Kann er noch allmächtig genannt werden? Ist Christus in der Schoah neu gekreuzigt worden? Kann angesichts des Massenmordes an Juden und Jüdinnen noch von Auferstehung geredet werden? Und ist die christliche Theologie überhaupt berechtigt, Ant-

worten auf diese Fragen zu geben, obwohl sie durch ihren Antijudaismus zur Schoah beigetragen hat?

Mit diesen Fragen steht die Krisis der christlichen Theologie durch die Schoah im Zentrum dieses Buches. In einem so bisher nicht vorliegenden Überblick zeigt Birte Petersen, wie und aus welchen Kontexten heraus seit den siebziger Jahren christliche Theologinnen und Theologen in Westdeutschland und Nordamerika auf die geschichtliche Erfahrung der Schoah geantwortet haben.

In eindrücklicher Einheit von intensivem Hören auf die Stimmen überlebender Jüdinnen und Juden einerseits und wissenschaftlicher Analyse andererseits behandelt die Autorin zwei zentrale Problemzusammenhänge: die Frage der Christologie als Hauptanfrage der jüdischen Theologie an das Christentum und die Gottesfrage als wichtigste Frage der jüdischen Holocaust-Theologie an sich selbst.

Nach einer differenzierten Beurteilung des bisherigen theologischen Diskussionsganges zeigt Birte Petersen im Schlußteil Perspektiven für die zukünftige Arbeit an einer Theologie auf, die im Angesicht der Opfer von Auschwitz zu verantworten ist.

Emil L. Fackenheim

Was ist Judentum?

Eine Deutung für die Gegenwart
Mit vier Ansprachen an Auditorien in Deutschland

1999, geb., 289 S.
ISBN 3-923095-29-5

Emil L. Fackenheim, geboren in Halle/Saale, aus Deutschland vertrieben, jahrzehntelang Professor für Philosophie in Kanada und heute in Jerusalem lebend, gehört zu den herausragenden jüdischen Denkern der Gegenwart, die ‚Auschwitz' in ihre philosophische und theologische Arbeit aufgenommen und auf die Schoah zu antworten gesucht haben.

Der Band „What is Judaism?" ist die erste ins Deutsche übertragene Buchveröffentlichung Fackenheims. Er bietet darin eine eindringliche Einführung in das Judentum sowie eine herausfordernde Erörterung seines Wesens im Horizont der Ereignisse der Schoah und der Gründung des Staates Israel. Nach einer Darstellung der religiösen Situation von Juden heute behandelt er in drei auf Vergangenheit, Gegenwart und Zukunft gerichteten Teilen die klassischen Themen und Zusammenhänge der jüdischen Religion, wie sie sich in seiner Sicht im Zeichen jener Ereignisse zeigen.

Vier aus der Tiefe seiner Biographie und jüdischer Existenz heute geschöpft Reden, die Emil Fackenheim in den letzten Jahren in Deutschland gehalten hat, geben dieser Ausgabe seines Buches ein besonderes Gepräge.

Zur amerikanischen Ausgabe:

„Die profundeste und zwingendste Einführung in den jüdischen Glauben, die es zur Zeit gibt." (Jewish Book in Review)

„Ein großes Buch ... die beste Einzeldarstellung für Nichtjuden, die das Judentum in seinem folgenschwersten Zeitalter verstehen wollen." (Los Angeles Times)

Aus der Reihe:
Studien zu Kirche und Israel

Wolfgang Gerlach

Als die Zeugen schwiegen

Bekennende Kirche und die Juden.
Mit einem Vorwort von Eberhard Bethge

2., bearb. u. erg. Aufl. 1993, geb., 487 S.
ISBN 3-923095-69-4

In einer sonst nirgendwo vorliegenden, akribisch erarbeiteten Dokumentation stellt Wolfgang Gerlach die zwölfjährige Geschichte einer zum Zeugnis verpflichteten, auch wortreich bekennenden und doch angesichts der jüdischen Leidensgeschichte in der Zeit 1933–1945 schweigenden Kirche dar, in der nur einzelne ihre Stimme erhoben oder halfen.

Zur ersten Auflage:

„Das Buch, ausgestattet mit einem umfangreichen Namens- und Ortsregister, ist für jeden unentbehrlich, der sich mit der nationalsozialistischen ‚Judenpolitik' befaßt, und besonders für den, der sich für die Positionen der Evangelischen Kirche interessiert. Vielleicht wird auch manch eine Gemeinde sich und ihre leidige oder auch beachtliche Geschichte hier wiederfinden." (Deutsches Allgemeines Sonntagsblatt 1987)

„Gerlach argumentiert ohne nachträgliche Besserwisserei. Darin ist er vorbildlich für eine theologisch-historische Aufarbeitung der Vergangenheit ..." (botschaft aktuell 1988)

Aus der Reihe:
Arbeiten zur neutestamentlichen Theologie und Zeitgeschichte

Pierre Lenhardt /
Peter von der Osten-Sacken

Rabbi Akiva

Texte und Interpretationen zum rabbinischen Judentum und Neuen Testament

1987, geb., 403 S., 8 Abb.
ISBN 3-923095-81-3

Dies Arbeitsbuch lädt dazu ein, mit dem rabbinischen Judentum vertraut zu werden und neutestamentliche Zusammenhänge von dem dort begegnenden Wurzelboden her zu verstehen.

Die Grundlage bilden hebräische Texte, die von dem herausragenden Rabbi Akiva handeln. Sämtliche Texte sind sprachlich erläutert und übersetzt, so daß das Buch auch von Lesern mit Gewinn benutzt werden kann, die des Hebräischen nicht kundig sind.

Nach der textlichen Grundlegung werden die ausgewählten Überlieferungen Schritt für Schritt erschlossen. Durchgängig erfolgt der Einbezug sachlich verwandter neutestamentlicher Aussagen und Passagen.

Die Texte sind so ausgewählt, daß zugleich in die wichtigsten Werke bzw. Gattungen der rabbinischen Literatur eingeführt wird.

Kurt Hruby

Aufsätze zum nachbiblischen Judentum und zum jüdischen Erbe der frühen Kirche

Hg. von Peter von der Osten-Sacken
und Thomas Willi
unter Mitarbeit
von Andreas Bedenbender

1996, geb., 517 S.
ISBN 3-923095-86-4

Kurt Hruby (1921–1992) gehört ohne Zweifel zu den herausragenden christlichen Erforschern des antiken Judentums im 20. Jahrhundert. Mit seiner Fülle von erstrangigen Arbeiten hat er über lange Jahrzehnte hin bei Juden und Christen im französisch- wie deutschsprachigen Raum hohe Anerkennung gewonnen.

Dieser noch mit ihm selbst abgesprochene Band umfaßt die wichtigsten Arbeiten Hrubys zum antiken Judentum und zur frühen Kirche, die als historische und theologische Fundierung der weiteren Arbeit an einer Erneuerung des christlich-jüdischen Verhältnisses von besonderem Belang sind. Dazu gehören seine Studien „Die Synagoge. Geschichtliche Entwicklung einer Institution", „Die Stellung der jüdischen Gesetzeslehrer zur werdenden Kirche" und „Juden und Judentum bei den Kirchenvätern" sowie eine Reihe von Aufsätzen über grundlegende Themen des antiken Judentums (Messias, Tora, Liturgie zur Zeit Jesu u.a.m.).

Die Preise für die Veröffentlichungen bewegen sich zwischen 3,– und 20,– Euro. Das vollständige Verlagsprogramm kann als Katalog angefordert oder unter www.ikj-berlin.de eingesehen werden. Bestellungen werden erbeten über den Buchhandel, per Internet oder schriftlich an:
Institut Kirche und Judentum, Dom zu Berlin, Lustgarten, 10178 Berlin · Telefon: (+49-30) 2 02 69-153 · Telefax: (+49-30) 2 02 69-154